百辯經濟學

DEFENDING
THE UNDEFENDABLE

瓦特‧布拉克‧著

齊立文‧譯

WALTER BLOCK

經濟趨勢 66

百辯經濟學

為娼妓、皮條客、毒販、吸毒者、誹謗者、偽造貨幣者、
高利貸業者、為富不仁的資本家……這些「背德者」辯護

作　　　者	瓦特‧布拉克（Walter Block）
譯　　　者	齊立文
責 任 編 輯	林博華
行 銷 業 務	劉順眾、顏宏紋、李君宜

總　編　輯	林博華
發　行　人	凃玉雲
出　　　版	經濟新潮社
	104台北市中山區民生東路二段141號5樓
	電話：(02) 2500-7696　傳真：(02) 2500-1955
	經濟新潮社部落格：http://ecocite.pixnet.net
發　　　行	英屬蓋曼群島商家庭傳媒股份有限公司城邦分公司
	104台北市中山區民生東路二段141號11樓
	客服服務專線：02-25007718；25007719
	24小時傳真專線：02-25001990；25001991
	服務時間：週一至週五上午09:30~12:00；下午13:30~17:00
	劃撥帳號：19863813　戶名：書虫股份有限公司
	讀者服務信箱：service@readingclub.com.tw
香港發行所	城邦（香港）出版集團有限公司
	香港灣仔駱克道193號東超商業中心1樓
	電話：(852) 25086231　傳真：(852) 25789337
	E-mail: hkcite@biznetvigator.com
馬新發行所	城邦（馬新）出版集團 Cite (M) Sdn Bhd
	41, Jalan Radin Anum, Bandar Baru Sri Petaling,
	57000 Kuala Lumpur, Malaysia.
	電話：(603) 90578822　傳真：(603) 90576622
	E-mail: cite@cite.com.my
印　　　刷	漾格科技股份有限公司
初 版 一 刷	2003年5月1日
三 版 一 刷	2018年8月7日

城邦讀書花園
www.cite.com.tw

ISBN：978-986-96244-6-6

版權所有‧翻印必究

售價：380元

Printed in Taiwan

謹將本書獻給
傳授我政治經濟學和激發我對正義抱持熱情的人士：

Nathaniel Branden

Walter E. Grinder

Henry Hazlitt

Benjamin Klein

Ayn Rand

Jerry Woloz

特別要感謝：

Murray N. Rothbard

目　次

〔導讀〕
背德者是市場最勇敢的守護人？

林明仁

　　任教於芝加哥大學經濟系，也是麥克阿瑟基金會天才獎得主的Kevin Murphy教授，有一次半開玩笑地說到："Some people think economics is common sense, and how can the world to be the other way? And the other people are like: what the hell are you talking about?"

　　本書《百辯經濟學》就是對這段話的最好註解。看完這本「社會壞人圖鑑百科」，以及作者為他們所提出的另類辯護，有些讀者可能會被說服，認可背德者對消費者所帶來的貢獻，也會同情他們只是在現行社會制度下求生存的人。但可能有更大一群人會滿臉黑人問號：「這是在講三小？」

　　本書作者瓦特・布拉克（Walter Block）做為奧地利學派的繼承者與米塞斯（Ludwig Von Mises）的高徒，他的意識形態自然是自由市場，甚至是無政府主義的。雖然整本書討論了許多種不道德的職業，但是基本的觀點其實很簡單：「自願性交易有助於社會福利提升，這是買賣雙方心甘情願的，只要隨時能夠進入與

退出，都應尊重雙方選擇。另外，不管個人的道德觀點為何，都無法改變市場運作的原理。」因此不管是皮條客或賣黃牛票的人，在他眼中都是「降低交易成本、撮合交易、增加社會福利」的中間人；而警察如果打混，他也認為這是不干預他人生活的「好習慣」。而為富不仁的資本家比起最低工資法等立意良善的法律，反而更能幫助貧窮、低技能、跟少數族群的工人！

本書寫成於1976年，在那個大政府、強管制、而且經濟學思考方式尚未普及的年代，這本看似激烈的小品，的確給大家帶來許多新的觀點，也可算是早期相當成功的經普作品之一（另一本則是傅利曼〔Milton Friedman〕的《資本主義與自由》）。然而它畢竟屬一般科普書籍，在論述的嚴謹與完整度上，與嚴格的學術標準還是有一段距離。不過幸運的是，過去20年在諾貝爾經濟獎得主貝克（Gary Becker）、克拉克獎得主暨《蘋果橘子經濟學》一書作者李維特（Steven Levitt）等人的努力下，應用個體經濟學家也透過各式特殊資料的取得，對於這些特定職業的情況，做了更細緻的分析。而基本上這些研究結果，也都跟本書中所提出的看法前後呼應。

舉例來說，布拉克認為皮條客基本上就是一個中間人，或者也可以被看作是小工作室的老闆（在性交易仍屬非法的情況下，旗下有數十名工作人員就已經很罕見了。不過如果合法化，難保不會有跨國企業出現）。在市場經濟下，中間人最大的功用就是

降低交易成本，透過組織產生規模經濟，也避免員工受到不良顧客的傷害。舉例來說，李維特與社會學者凡卡德西（Sudhir Venkatesh）在研究芝加哥性工作者交易資料後就發現，他們的行為也是服膺市場運作邏輯的：這些性工作通常都同時擁有一份合法工作，但時薪只有賣淫的四分之一；跟電影院一樣，他們也會對顧客實施差別取價。而皮條客就如同房地產經紀人一般，也是此一產業不可或缺的重要角色。

不過有關皮條客效應最有趣的發現，是自行接客的性工作者，每週平均接客7.8次，收入為325美元。若透過皮條客，每週只需交易6.2次，扣除25%的佣金後，收入還有410美元！而有皮條客的性工作者，也比較不會受到顧客施暴，或者是被迫為幫派成員無償服務。如果把這些統計結果跟此研究的另一個結論「性工作者被迫為警察提供免費服務的機率，居然大於被逮捕的機率」相對比，更能顯示管制所帶來的制度性權力與階級的壓迫，以及市場所帶來的幫助！

另外在台灣經驗方面，我自己與本系江淳芳教授及碩士生莊詠貽研究日治時期性產業專區中，性工作者跟貸座敷（妓院）簽訂的契約也發現，其實包括定期檢查、罹病無法上工時的薪資給付規則等，都在法院公證的契約中有記載，簽約金與薪資跟當時勞動市場狀況相比也高出不少。這與李維特在《超爆蘋果橘子經濟學》第一章中所提，20世紀初巴黎性產業狀況的結果差距不

大。至於為何有如此的薪資差異？哥倫比亞大學的艾德蘭（Lena Edlund）教授有一個一針見血的評論：擔任性工作者的機會成本，就是放棄進入婚姻。在職業壽命如此短的情況下，高薪水就是一種補償性報酬（compensating differentials）。

另一個有趣的例子則是毒販。作者認為吸毒之所以造成如此大的社會問題，主要是因為禁毒所造成的藥價飆漲所造成的。因此在藥禁的情況下，毒犯在減輕「藥禁所帶來的罪惡」這方面，比起任何人都要貢獻良多！諾貝爾經濟獎得主貝克也提倡至少將輕度毒品如大麻合法化。1996年開始，美國也有許多州通過藥用大麻合法化的提案。毒品合法化之後，會不會對社會帶來道德淪喪、犯罪率提高的後果呢？任教於紐西蘭的朱祐緯教授研究美國資料後發現：大麻合法化後讓大麻使用增加了15%～20%，然而海洛因、古柯鹼等傷害更大的毒品使用量不但沒上升，其逮捕率與急診率更是下降了15%！犯罪率也沒有上升。

即便已經過了四十年，這本書的主題與行文方式仍然非常具有針對性與挑戰（釁）性。不過包括高利貸、誹謗、紈袴子弟等乍看不道德的行為，如果跟著作者由市場經濟與社會福利的觀點重新檢視，應該都會讓讀者有全新的看法，現代應用個體經濟學也有許多針對這些主題的實證研究可供參考。而當看到許多背德者對社會產生傷害的同時，如果能退一步想一想，這些事為什麼會發生，以及當我們換個誘因結構（如合法化）時，後果又會是

什麼（此即經濟學上的反事實分析）？或許也更能夠找到次佳解，而不是只能因道德指責而制定出錯誤的管制規則。

最後，讓我以漫威漫畫《夜魔俠》（*Daredevil*）中記者Ben Urich的一段話做為結尾："There are no heroes, no villains, just people with different agendas."

（本文作者為台大經濟系特聘教授兼系主任）

〔導讀〕
一本有大意義的小書

南方朔

　　有些書，不只是單純的一本書而已。這種書是同性質書籍所構成的森林裏的一棵樹。閱讀這樣的書，就不能只讀樹，更要讀林。因為林是它的背景、它的支撐架構，同時也是它的形成原因，甚至還是它的源頭，它的母親。

　　由美國紐奧爾良羅耀拉大學經濟學教授瓦特·布拉克（Walter Block）所寫的這本《百辯經濟學》（*Defending the Undefendable*）就是這樣的著作。這本初版於一九七六年——至今已有四十年的著作，自從它出版起，就廣泛受到爭議，而且爭議一直延續至今。因為它是從放任經濟學的角度，替那些我們都習慣性的認為是「壞人」的人，如娼妓、皮條客、毒販、吸毒者、敲詐者、偽幣製造者、放高利貸者、不支持慈善事業者、誹謗者、反對學術自由者、在電影院高喊失火者、賣黃牛票的人、小氣鬼、紈袴子弟、亂丟垃圾者、劣等商品製造者……等而展開辯護。由於這是替那些不可辯護者辯護，其聳人聽聞的刺激性自然讓這本書的知名度一直延續了下來。

　　《百辯經濟學》替不可辯護者辯護，而且當年該書一出版，

即得到諾貝爾經濟學獎得主海耶克（F. A. von Hayek）、美國新右派首席理論家諾齊克（Robert Nozick），以及美國自由放任主義大老赫茲利特（Henry Hazlitt）、羅斯巴德（Murray N. Rothbard）等人的推薦。這些推薦者到了今天已全部作古，但這本書卻兀自存留了下來，成為美國自由放任主義（libertarianism）這個思想支派最極端形式的見證。因此，這本著作其實有著極大的學術公案在焉。

研究資本主義思想史及資本主義發展者都必然知道，自由主義的放任資本主義自十八世紀中後期進入歷史日程表後，它一直到十九世紀在「爭××的自由」（Freedom to）上的確有過極大的貢獻，但放任資本主義所造成的剝削及不平等，卻也使得「自由—平等」的對立衝突日深，因而主張「國家」介入，以節制私人資本的各類社會主義——包括國家介入重分配的民主社會主義、以國家機器為重心從事經濟活動的國家社會主義、最極端的共產主義等遂告漸次出現，「免於××的自由」（Freedom from）開始出現。在二十世紀的上半期，基本上乃是放任資本主義退潮，各類具有社會主義色彩的思想和政治社會主張取得優勢的時刻。除了俄國的共產主義革命、德義的國家社會主義、西歐的民主社會主義外，英美則是以具有溫和社會主義傾向的「凱因斯革命」取得了支配地位。從一九三〇年代的大蕭條到第二次大戰時的戰爭動員，都是「左」字當道，所謂的「左」，指的是社會主義，是政府角色的擴大，而「右」則指私人的放任經濟。

　　面對這種舉世向左轉的趨勢，右邊的反撲也開始出現。反撲的勢力分別來自奧地利和美國，並進而合流。美國乃是一個「先有社會，後有國家」的地方。這種不受羈束的傳統，滋生了政治和經濟上的放任主義，諸如《湖濱散記》作者梭羅所代表的絕對自然個人主義、在英國並未大行其道卻於美國風光一時的斯賓塞的「社會達爾文主義」等，都是美國自由放任主義的先河。但這種自由放任的個人主義思想，到了二十世紀的確已隨著歷史及社會情勢的改變而趨於式微。而它的復甦，則要到了第二次世界大戰之後。戰後的歐洲更加向左邊移動，甚至一九四四年的英國大選都是左翼的工黨獲勝。這種形勢的發展，促使美國右翼緊急展開反撲，而在經濟理論上發揮極大領航作用的，即是兩位奧地利裔的經濟學家米塞斯（Ludwig von Mises）及海耶克。

　　熟悉近代經濟思想史者都知道所謂的「奧地利學派」，在十九及二十世紀之交，諸如孟格（Carl Menger）、龐巴衛克（Eugen von Böhm-Bawerk）等皆屬放任經濟學的主要理論家。延續這個傳統，米塞斯於一九四四年出版《萬能政府》及《官僚體制》兩書，同年海耶克的《到奴役之路》也在美國出版。這兩人著作的出版，對挫折中的美國自由放任主義者，不啻等於提供了最佳的思想武器。於是，不但以寫《我們的敵人，國家》（*Our Enemy, the State*）聞名的美國老派放任主義者諾克（Albert Jay Nock）開始重新受到重視，米塞斯和海耶克也受到極大推崇。一個被稱為「自由放任思想復甦」的運動開始浮現。不但經濟理論家如西蒙

斯（Henry C. Simons）、奈特（Frank Knight）等聲勢看漲，自由放任思想的組織家和宣傳家如赫茲利特（Henry Hazlitt）、里德（Leonard E. Read）、丘多洛夫（Frank Chodorov）、羅斯巴德（Murray N. Rothbard）、安・蘭德（Ayn Rand）等亦告興起。一九四七年歐美四十餘位經濟學家在瑞士白勒寧峰（Mont Pélerin）集會，成立「白勒寧峰學會」，建立全球放任經濟的理論堡壘。一九五〇年代則發展了多份重要的宣傳雜誌如《自由人》、《美國守護神》、《信仰與自由》、《人間世》等。一九五三年起決定主攻校園，成立「個人主義跨校協會」與「社會主義跨校協會」打對台。所有的這一系列發展，總體而言可以說是戰後美國新保守主義運動裏有關思想與經濟理論這方面的發展。

美國戰後新保守主義運動的形成，有幾個不同的領域，有關自由放任經濟思想的重建和對政府經濟角色的批判乃是其中之一。此外還包括了對群眾角色的抨擊，對傳統價值的肯定，以及更重要的反共等。這四個領域的保守主義，我們可以簡稱為「放任保守主義」、「精英保守主義」、「社會保守主義」和「反共保守主義」。但我們也可知道這四個領域的保守主義雖然皆為保守主義，但經常也內部矛盾重重。以「放任保守主義」而論，它主張個人自由的極大化，以及政府角色的極小化；但對「反共保守主義」及「社會保守主義」者而言，他們卻主張政府應擴大權力，多管他們不贊成或反對的事務，「反共保守主義」甚至主張不斷擴充軍備、稱霸全球。這種內在的差異，使得自由放任經濟學家

在替戰後新保守主義打開了一條理論通路後，即和其他領域的保守主義處於摩擦狀態。舉例而言，巴克萊（William F. Buckley）早年受諾克、海耶克等人的影響而成為自由放任主義者，並成為一九五三年「個人主義跨校協會」的首任會長，一九五五年並創刊《國家評論》雜誌，但到了後來卻日益向「反共保守主義」移動，主張美國國家主義，擴充軍備。這種方向當然不被正統的自由放任主義者同意，因為就邏輯上而言，任何真誠的自由放任主義者皆必然反對政府權力的擴大和國家角色的擴張，自由放任主義者必然是國際問題上的孤立主義者——即反對國家管太多國際事務。這種差異使得新保守派之間在一九六九年鬧出筆戰，羅斯巴德等正統的自由放任主義者與軍事擴張主義者決裂，並於一九七二年組織了自己的小黨「自由放任主義黨」，在過去每逢選舉都會推出候選人，但沒有政治實力。只是在共和黨內，仍有一些人具有自由放任的傾向，但不是那麼嚴格與徹底而已。

當我們對戰後美國新保守主義的復興有了理解後，即可知道價值上及經濟上的自由放任主義乃是新保守主義的前鋒。它在米塞斯、海耶克，以及著有《一課經濟學》（*Economics in One Lesson*，中譯本經濟新潮社出版）的赫茲利特等經濟學家帶頭下，對當時主流的凱因斯經濟學展開抨擊。一九七一年新自由派哲學大師羅爾斯（John Rawls）出版理論巨著《正義論》，企圖為政府的分配角色建構出新的倫理基礎，一九七四年放任大師諾齊克（Robert Nozick）則出版《無政府、國家與烏托邦》與之打對

台。這兩部著作都已成了近代的新經典之作。

　　而《百辯經濟學》作者布拉克，就是在自由放任主義再起時長大的那一代，他一九六四年畢業於布魯克林學院哲學系，深受自由放任主義教母安・蘭德，以及赫茲利特《一課經濟學》的影響，於是由左派變成右派，而後他又進哥倫比亞大學獲經濟學博士學位。而後他於一九七六年寫成《百辯經濟學》。他的這本著作乃是赫茲利特所著《一課經濟學》的延長——在《一課經濟學》裏為了抨擊政府干涉主義，赫茲利特已指出一個重要的觀念，那就是經濟上有許多我們以為的惡，其實都是政府干涉的果而非因，該書並提出了十餘種經濟現象為例。而《百辯經濟學》即是根據更嚴格的自由放任經濟學論點，做出更深的討論。

　　《百辯經濟學》以自由放任的價值為我們習以為常的「壞人」或「壞行業」辯護，非常具有挑釁性。美國的自由放任主義哲學，不明言的有許多前提：它認為人們的追求自利即可在「看不見的手」導引下形成公共的善，也主張追求自利是最高的價值，因而除非是施加暴力，否則即不能做出任何限制與懲罰。對並非主動施加暴力的所為而限制及懲罰，就是不公正與不合法。它相信非暴力的自私即是美德。自由放任主義的哲學思想裏，潛藏著正面無政府主義的一些元素。布拉克教授以各種敏感的職業為辯護的題材，他的目的是要藉著這些會讓人不愉快的題目，將人們逼到知識與感情的死角，從而去思考自由、國家干涉的是否妥當，以及價值判斷到底是對是錯等核心問題。因而這本書遂變得

很有「棒喝」式的意義。

對於《百辯經濟學》裏各種刺眼，甚至會讓人生氣的問題，在此很難逐一討論。不過必須指出一個方法論上的重大課題。稍早前，英國倫敦經濟學院教授穆澤里斯（Nicos Mouzelis）在《社會學理論哪裏錯了？——診斷與治療》一書裏即指出，經濟學家根據效用、選擇、供給、需求、均衡等範疇來評斷政治、社會及價值事務，這乃是一種以微觀的「邏輯—化約」（Logico-deductive）模式，來面對「歷史—發生」（Historico-genetic）宏觀模式的課題，因而它的中間遂經常出現「微觀—宏觀」（Micro-Macro）是否相襯的課題。

在此姑且就販毒吸毒問題而論。近年來這個問題已被許多經濟學家討論過，除了本書外，諾貝爾經濟學獎得主貝克（Gary Becker）、投機金融大亨索羅斯也都曾經討論。他們都認為管制藥物及將其犯罪化，使得藥物供需關係被扭曲，從而造成販毒超利潤、對警察的賄賂提高、藥物價格上漲、買不起藥物只得犯罪等，若藥物自由市場化，以上諸弊皆可迎刃而解。將藥物問題簡化為商品供需問題，或許不無啟發性，問題是它的那個前提「人人有使用藥物的自由」，卻不一定能夠成立。

再例如，本書對有些問題——如對賣黃牛票的分析，確實有其切中肯綮之處，但另外的一些問題如認為勒索恐嚇是一種言論自由，有助於犯罪的減少，則可能多半的人都不會接受，而且論證的邏輯也詭譎而牽強。由於本書作者是最純粹的自由放任主義

者，因而他也是個「反政府主義者」（anti-statism），對任何可以和「反政府」的功能扯上關係的，即有所維護，這難免使他混淆了若干問題的本質。自由放任主義的純粹派接近無政府主義，本書即是證明。

美國的歷史至今仍極為短暫，因而許多人仍有那種「先有社會，後有國家」的記憶，加上美國獨特的生存環境所造成的自由傳統，使得它有許多人視自利為美德，美國是全球唯一一個憲法賦予人民擁槍權的國家，有些比較邊疆性的地區，仍有人視「國家」為邪惡，因而拒絕納稅和受教育，並自行組織「民兵團體」，經常抵抗政府。這些人是個人自由放任主義的另一種形式，他們比本書這種知識性的自由放任主義走得更遠了。許多人當記得，稍早前美國曾有過「大學炸彈客事件」，一個資賦優異的數學神童卡克辛斯基，他出身哈佛，後來到柏克萊加州大學數學系任教，對美國的文明型態不滿，憤而辭職，到邊疆州蒙大拿過自耕自食的生活，並製造郵包炸彈。他是美國式自由放任主義的極端形式，他跨越了暴力這道門檻，如果他不跨越這個門檻，他就會是和《湖濱散記》的梭羅屬於同一型的人物。

美國的自由放任主義是個獨特的傳統。在現實政治上，它誘發戰後美國的新保守主義運動，它的某些主張被人抄襲變形，演變為現實政治上好戰的新保守派和新右派，最新的「新右派」將全球視為他們自由放任的樂園，真正的原型自由放任主義反倒是愈來愈被邊緣化，淪為一個超小型的「自由放任主義黨」。本書

作者即是這種原型自由放任主義人物。因此，當我們閱讀本書，
被他的雄辯和詭辯所懾服或惱怒時，不能疏忽了他的這個更大的
發展脈絡。當我們讀完這本書後也當會體悟到，這本書不是一個
結束，反而是另一個開始——因為由這本書，我們當會知道「個
人—整體」、「自由—平等」、「放任—干涉」、「宏觀—微觀」這
些兩極之間，乃是許多問題發生的空間，仍有待我們去思考釐
清。而這本書即是頭腦體操的開端！

（本文作者為作家、詩人、社會評論家）

〔導讀〕

市場經濟與自由人

黃春興

　　「余豈好辯哉？余不得已也。」孟子回答公都子的這句話，幾乎無人不知。但是孟子想辯護什麼？可就沒幾個人記得了。他認為當時「楊墨之道不息，孔子之道不著，是邪說誣民，充塞仁義也」。為了當一位稱職的聖人之徒，為了恢復堯舜時期的古老道德，他要以辯說排拒楊墨學說，徹底地「正人心、息邪說、距詖行、放淫辭」。那麼，楊子到底主張些什麼？今日，除了孟子提到的「楊氏為我」、「拔一毛以利天下而不為」、「庖有肥肉，民有飢色，野有餓莩」等批評外，我們已找不到進一步的資料。經過孟子的批評和一代代的思想傳承，今日社會上隨處可見的「不支持慈善事業的人」、「牟取暴利的中間商」、「只顧自己累積財富的資本家」，都被視為「為富不仁」的楊子門徒，被指責是「禽獸也、非人也。」

　　在兩千多年後工商發達的今天，孟子的指責和批評，依舊瀰漫社會各處。譬如最近的《商業周刊》，就以一個富家子弟和貧民孩子的清晨，尖銳地對比出「一個台灣兩個世界」，讓一般讀者們留下這樣的強烈觀感：「看吧！這就是醜陋的資本主義。孟

子說的不錯，真是個庖有肥肉而野有餓莩的社會。」一般百姓這樣想，當過大學校長的教授這樣想，最高學術研究機關的院長也是這樣想。這些情懷若能轉化形成慈濟功德會，也算是功德；不幸地，在民主制度被詮釋成競爭選票的台灣社會，這些情懷卻經由政治力轉化成公共政策和立法。他們嫌孟子的「余豈好辯哉」太過消極，他們要結合廟堂高官，以更積極的政府作為去打造一個能「正人心、距陂行」的公義社會。

　　致命的毒菇常披著美麗誘人的蕈傘，危害社會發展的言論也常隱身在華麗和感人的詞藻裏。社會發展有一定的法則，不依循法則建構的理想開不出會結果的花，違背法則的政策更結不出期待的果。社會發展的法則就像地心引力，不是我們要不要的選擇，而是如何去面對的努力。若想學大鵬展翅遨遊天際，就必須先了解地心引力的作用。

　　當然，人的社會的發展法則不是地心引力法則，它不存在於物理世界，不存在於數學模型，更不存在於哲學家的思維體系。它只存在於人的社會，經由人的行動才顯露出來。簡單地說，任何個人都有他追求的理想，也設法以行動去實現。只要不離群索居，個人的行動必須配合他人的行動，否則理想便無法實現。行動的相互配合，或稱合作，是經濟學在論述社會發展的第一法則。經由合作，兩人可以完成一個人三倍的工作量，十個人可以完成一個人百倍的工作量，一百個人可以完成一個人一萬倍的工作量，一萬個人可以完成一個人連作夢都夢不到的事物和成果。

社會發展的第二法則便是：合作的成果會隨著合作對象數目的增加而增大。這個很簡單的法則，亞當・斯密曾利用生產縫衣針的工廠解說過：一位工人拉直鐵線、一位切斷鐵線、一位磨針尖、一位敲扁針頭、一位打針眼、一位包裝。這六個人經由分工，他們的日產量會高達一個人日產量的一千倍。

是的，這是社會發展的第三法則：經由分工，個人可以和較多數的人合作。現代社會經由高度分工，實現了歷史未曾有過的高度生活水準，以及在物質、文化、精神各方面的高度成就。但，我們也好奇地自問：在這樣高度分工的社會，我不認識五十公里外的人，如何和他合作？我是否只要和我的親戚朋友或村民合作就好？是否只要和鎮上我認識的人合作就好？不可以的，第二法則要求我們儘可能地和更多的人合作。

但如何和不認識的人合作？百年前，人類曾想過一種將所有工作的種類、細節和程序都清楚地抄錄下來，集中到一群擁有最新設備的規畫工程師手中，讓他們依照精細的生產計畫去配置人員和資源。在這種中央集權式的經濟社會裏，個人的確不必去認識五十公里外的其他人，也依然可以和他們合作，因為社會建設的總工程師已經幫大家分配好了工作。這是二十年前在蘇聯、東歐和中國大陸採行過的制度，卻以非常悲慘的結局收場。今天，他們以無比的勇氣，重新接納他們長期以來譏諷嘲笑的市場機制。以百年的實驗和兩代人的代價，證明了社會發展的第四法則：市場機制是唯一能讓百千萬億人合作的制度。

也就是說，我們要的不只是家庭內的合作，不僅是親族或村內的合作，也不僅是鄉鎮生活的合作，更需要與百千萬億人合作。這層層需要的先後次序，不是先家庭而親族而鄉鎮而百千萬億人。這種費孝通式的差序格局是著眼於對人的熟識度，從而建立對人的信任和合作關係。但除了感情的需要外，個人生命或生活中的一般需要，不論是對物質、文化或精神，都應是先百千萬億人而鄉鎮而親族而家庭，因為這是社會發展的第三法則。要與百千萬億人合作，就必須遵循市場機制的法則。市場機制就是市場機制，除非我們不要它，否則就只能誠實地面對、勇敢地接受。

在市場機制下，百千萬億人的合作是經由價格變化所攜帶的社會性訊息和貨幣交易所傳遞的個人訊息而完成。消費者決定個人需要，生產者決定他的供給。供給必先有生產計畫與投資，生產計畫與投資必先估算未來利潤。個人欲實現需要就得先賺取所得和累積財富，這些則受到薪資和利率的影響。這些都是市場法則，包括了個人對市場現象的觀察和評估、對市場未來變化的預期、個人的選擇和行動、個人的創新和野心，也包括個人行動所引起的他人反應、他對他人反應的反應，還有個人在錯誤反應之後的計畫調整和再出發，或他在成功反應之後的更大野心和計畫等。

於是，我們知道社會發展的第五法則：個人反應的失敗或成功，在市場機制下會以薪資與財富的多寡來表現。一旦拋棄計畫

和指導命令，我們會看到薪資的高低，也看到貧富的差異。但我們看不見高薪背後的市場強烈需要，或不了解這些強烈需要存在的原因，甚至不願見到那些不是帶給自己財富的強烈需要。這時，批判就出現了，種種批判都指向：拋棄市場法則及其賴以運作的貨幣、價格、和私有產權制度。他們忘記了人類以百年的實驗和兩代人的代價才證明的第四法則：市場機制是唯一能讓百千萬億人合作的制度。

其實，批判者也不會輕忽這段人類血淚交織的經驗，他們只是欠缺承認市場機制的勇氣。他們的行動和資本家沒兩樣。演講費高低影響他們到遠地演講的決定，投資報酬的高低也影響他們理財的方式。市場機制帶來的繁榮、舒適、浪漫難以抗拒，只是他們無法忘懷古老的道德標準和鄉村社會的狹隘人際關懷。於是，「中間路線」、「第三條路」、「折衷性政策」等口號出現了，期待政府創造一個既能保有古老道德標準和狹隘人際關懷，又能享有市場機制的繁榮、舒適與浪漫的社會。

「余豈好辯哉？余不得已也。」在本書作者布拉克看來，這些期待和幻想是對一般民眾的欺騙，因為市場機制和市場原則都是長期演化出來的，並不是人們經由討論和協調出來的，也不是憑藉政府的強制力量可以創造出來的。市場機制沒有妥協的餘地，這是社會發展的第六原則，也是布拉克編寫本書的目的。

這種沒有妥協餘地的擁護，並不是對市場的盲目崇拜。市場裏常可見到蒼蠅、蟑螂、老鼠、和流浪狗；市場機制運作下的社

會,也存在許多的娼妓、皮條客、毒販、賣黃牛票者、投機者、劣等品製造商等。布拉克稱他們是一群當代社會的「代罪羔羊」。布拉克不是這些人中的一位,也不會願意他的子女變成其中一位。在紀念本書出版二十週年的訪問中,他承認二十年來他的道德觀已略有改變,但對於本書的論點依然屹立不搖。他說:「在道德層面上,我對書中這些人物沒任何意見。我為他們辯護,因為他們也是自由人(libertarian)。他們不應被送進監牢,他們並未行使暴力。」[1]

　　容我先簡介一下布拉克教授。根據他最新的自述,[2] 他於一九四一年生於紐約的布魯克林區,在猶太式自由派的環境中成長,是積極的社會主義信徒。一九六三年,蘭德(Ayn Rand, 1905-1982)到布魯克林學院演講,布拉克是大四學生。蘭德是一位極具聲望的自由人主義(libertarianism)者,她的著作對當代自由主義的發展影響甚鉅。當時,布拉克帶領幾位左派學生打算到會場吹噓鼓譟,因為蘭德「是惡魔的化身」。兩小時下來,三千個幾乎都是左派擁護者的學生沉浸在蘭德的嚴肅論述氣氛下,會場出奇地寧靜。布拉克仍心有不滿,在演講後參加了學院對蘭德的招待午宴,要求和蘭德就經濟議題辯論。陪伴蘭德前來的博蘭登(Nathaniel Branden)告訴布拉克說這不是辯論的適宜場

---

[1] "Defending the Undefendable: Twenty Years Later", an interview, by Alberto Mingardi, *The Laissez Faire City Times*, vol 2, No 41. December 7, 1998.

[2] "On Autobiography," *LewRockwell.com*. December 4, 2002.

合，除非他願意在辯論之後認真地讀蘭德的《阿特拉斯聳聳肩》（*Atlas Shrugged*）和赫茲利特（Henry Hazlitt）的《一課經濟學》（*Economics in One Lesson*）。布拉克接受這條件，和蘭德談論了近一個小時，從此改變了他的政治信仰。之後，他參與了博蘭登的讀書會，也加入蘭德的討論群，逐漸接受自由人主義的政治思想。

　　布拉克在布魯克林學院主修的是哲學。對他而言，政治思想的轉變雖然劇烈，但不困難。困難的是對經濟運作邏輯的了解。許多空談社會理想和信口批判市場的學者，大多對市場機制和經濟運作原理欠缺了解。博蘭登清楚這點，所以要求布拉克必須研讀《一課經濟學》。該書作者赫茲利特是奧地利經濟學派學者，其尊重市場的思想和米塞斯（Ludwig von Mises, 1881-1973）和海耶克（Friedrich A. Hayek, 1899-1992）等人接近。赫茲利特在其書的序言說：「我寫此書是為了介紹經濟運作的一般原理，也是要指出我們若忽視這些原理所將遭受的懲罰。」這些懲罰，不是來自政府和司法，而是來自社會發展的停滯和百業的蕭條。其實，赫茲利特那本書相當淺，接近大一經濟學的程度。即使如此，沒有這些粗淺的認識，再怎麼偉大的理想或美麗願景都是人類的夢魘。

　　大學畢業後，布拉克除了繼續在學院讀哲學外，也到紐約市立大學修讀經濟碩士，然後轉到哥倫比亞大學專攻經濟學博士。在哥大，他發現自己的觀點和其同學波斯（Larry Boss）不同。

他在碩士班時學的是貝克（Gary Becker）那一套新古典經濟學，但從波斯口中得知羅斯巴德（Murray N. Rothbard, 1926-1995）和奧地利經濟學派的一些學理。譬如，對於利潤（profit）這個倍受左派學者和社會主義信徒批判的經濟詞彙，新古典經濟學者常常「猶抱琵琶半遮面」；但是，奧地利經濟學者卻是公開捍衛，並力陳市場如何依賴利潤原則去淘汰沒效率的廠商，從而避免人類資源的誤用和浪費。相對地，政府的計畫和政策就是因為無法進行利潤計算，以致於處處浪費，嚴重地妨礙經濟與社會的發展。和羅斯巴德往來幾次後，布拉克認識到奧地利經濟理論和其嚴謹的學術態度，開始成為該學派的一員。

奧地利學派對經濟原則的尊重，就像物理學家對待地心引力一樣。物理學家可以同意「地心引力的強度在不同地點會稍有不同」；但如果有人說「地心引力在某些地點可能不存在」，他們會認為這個人對物理學毫無概念，不願與他多談。同樣的態度也存在於許多奧地利經濟學者身上。經濟原則既然已經證實，為何不能堅守？難道科學理論可以在政治考量下打折扣？海耶克就為此大嘆：「當處理社會問題的時候，不堅持確定的原則而就事論事，一律以方便為主而隨時妥協於相反的意見之間，這已被視為聰明人的特徵。……我們正是迅速從個人自由的社會走向一個集體主義社會。」[3] 布拉克從羅斯巴德學到奧地利經濟學，也學到嚴

---

[3] F. A. Hayek, "Individualism: True and False".

肅和真誠地對待學問的態度。當他出版這本文集時，羅斯巴德在為本書所寫的序言中也提到真誠看待經濟學理的態度：「即使是許多目前自認信奉自由市場的讀者，如今也必須準備好徹底領會其信仰在自由市場上、在邏輯上的意涵。」這個意涵，就是如何看待那群代罪羔羊和他們的行為。他們同樣生活在市場機制下，對社會經濟的貢獻就不應有別於農夫、菜販、修車工人、銀行家、小學老師等人。如果經濟學者對經濟原理的信心是真誠的，就應該有勇氣替代罪羔羊辯護，像聖奧古斯丁替上帝創造的蒼蠅、蟑螂、老鼠辯護一般。

的確，布拉克成功了。這本書不僅替他贏得聲望，也成為自由人主義的經典名著。成功不能只憑勇氣。他在序言中說：「市場一定要被視為是無關道德的──無所謂道德或不道德」。如同在訪問中提到的，他清楚地區隔個人的道德觀點和市場的運作原理。也就是：不論個人的道德觀點為何，他否定不了市場的運作原理；不論市場如何運作，個人永遠持有獨自而自由的道德評價空間。這種區隔需要極大的勇氣，因為自由人主義者一向是社會規範的捍衛者。也因此，本書的出版不僅衝擊到市場機制的反對者，也同樣衝擊到自由人主義本身的陣營。譬如赫茲利特在讚美本書的成就時，也不忘提到自己仍「強烈反對書中提到的一些行為」。不過，羅斯巴德有意幫布拉克緩頰。他順著這個區隔觀點說：「這群代罪羔羊固然是英雄，但未必是聖人」。聖人是道德的極致；不是聖人，依舊可以是凡人。羅斯巴德似乎在說：「除了

具備一般人的道德外，這群代罪羔羊還是英雄」。論信心，是不是強過布拉克？

其實，當社會發展的法則擴大到百千萬億人的合作後，傳統鄉村社會的道德定義也必須重新思考。海耶克便曾反問市場機制的批評者：如果市場機制能讓更多的人存活下來，即使他們只能生存在社會的最底層，這難道不算是一項偉大的成就？將過去專注於靜態比較的道德定義加以延伸，奧地利學派推出社會發展的第七原則：市場機制可以獲致最高的道德生活。但這些論述已超出本文範圍。

純就市場機制而言，布拉克稱這群代罪羔羊為「英雄」，稱他們的作為是「英雄行為」。要注意的是，他並沒有重新定義「英雄」的含義。英雄依舊是指有勇氣挺身對抗惡勢力的少數人，而他們的作為同時也帶給社會好處。那麼，誰是英雄所對抗的「惡勢力」？以〈偽造貨幣者〉一章為例，他提到：「將一般私製偽鈔者稱之英雄的理由……就是現階段已有一個更大盤的偽造貨幣者正在運作當中。」「……利用自由市場不可信任的託詞，立法成立了中央銀行……擁有紙鈔發行和控制貨幣數量的獨占權，使整個銀行體系和偽造貨幣裏應外合。」原來這個惡勢力就是政府。把政府看成是覬覦百姓財富並不時侵犯百姓財產的惡勢力，乃是西方自由主義的傳統，也是當代民主制度的基本態度。這樣的觀點並不存在於中華文化裏。自孟子以來，知識分子雖有罵暴君為獨夫一人的氣度，但那是在罵暴君，不是在批評政府；

相反地，知識分子不時在期待明君賢相的出現，並能以政府的善勢力去打造一個笙歌處處的和樂社會。也因此，幾千年的文明中見不到自由和民主；而百年來好不容易學來的自由和民主也越淮成枳。布拉克的論述，至少可以讓我們反省政府的作為或修正對政府的期待，不要再習以為常地將政府等同於大慈大悲救苦救難的觀音菩薩。

如果這些代罪羔羊真是英雄，就該有一些事蹟。布拉克認為他們的英雄事蹟，在於「以非政府的偽造貨幣行為，將促使政府自身的偽幣制度崩潰」。於是，人民可以再度擁有發行貨幣的自由，恢復自由銀行（free banking）制度。讀者請注意，自由銀行制度不是想像，而是中國的先秦與漢初以及近代英美等國都曾順利運作過的制度，甚至在一百多年前的台灣也是行自由銀行制度。布拉克這種功績論述，是否如海耶克所說的「實在太牽強了」？這點見仁見智。但不可否認地，要讓長期沉迷在「偏見和幻象」之下的知識分子醒悟，的確需要下一些猛藥。

社會對待英雄的方式不一定是歡呼，除非社會大眾能了解他們的功績。遺憾的是，要了解高度分工社會下一個平常人的功績的確不易，何況這群代罪羔羊的行為也不符合鄉村社會的道德標準。政府的污衊醜化更使得他們的作為見不得人。於是，他們遭受的待遇，不是政府提供的牢獄飯，就是社會大眾的羞辱嘲弄。布拉克看不下去，要幫他們爭回起碼的清白。即使一時改變不了社會大眾的觀點，至少要洗清其冤獄，證明其行為並不犯法。這

本書不是一本雜文集，而是布拉克學術論述的白話簡易版。譬如他關於黑函的觀點，就曾洋洋灑灑地寫了一篇三十多頁的學術論文〈期待一個關於黑函的自由人理論〉（Toward a Libertarian Theory of Blackmail）。簡單地說，他提出「非攻擊原則」（non-aggression principle）來替這群代罪羔羊辯護。他認為在洛克傳統下的自由社會，個人保有自己的生命、身體和財產的不可侵犯權，只要不攻擊他人的生命、身體和財產，他就擁有言論和行動等各種不受拘束的自由。不過，洛克生活的十七世紀社會離開鄉村社會還不甚遠，「不侵犯」和「不攻擊」的實質差異不大；但是，在今天工商發達且百千萬億人經由市場機制合作的時代，「不侵犯」是很難界定且不再適宜的詞彙。譬如，我只要在陳牙醫診所的對街新開一家黃牙醫診所，就必然使其收入大減，「侵犯」到他的財產。這類例子甚多，舉凡經濟學教科書中提到的外部性問題都是。如果我們想保有政府不得介入的自由和私有產權，就必須要將洛克傳統的「不侵犯」嚴格地限制在「不攻擊」的意義內。根據這個不攻擊原則，即使我們不能了解代罪羔羊們的貢獻，甚至認為他們的行為無恥，他們依然保有行使那些談不上攻擊的行為的自由。當然，布拉克更希望他的論述能讓我們發現：在市場機制下，「幾乎所有讓我們心存疑慮的人，也都在負責造福社會」。

最後，讓我簡單地討論兩個較不容易了解的譯詞。第一個譯詞是「自由人」（libertarian）和其對應的思想「自由人主義」

（libertarianism）。國內不少人文社會方面的書籍將後者譯為「自由放任主義」，甚至有譯為「激進自由主義」或「自由主義基本教義派」。羅斯巴德在去世前主持過奧地利學派在美國的兩大中心之一的「米塞斯研究院」（Mises Institute），該研究院以無可妥協的態度反對社會主義和福利國家，批評左派也不留餘地，因此遭到他們惡意的污衊，甚至稱其為新三K黨主義。然而，源自古典自由主義的自由人主義，堅持尊重市場機制和維護社會規範與文化演化所開展出來的社會秩序，反對社會主義和法西斯主義想利用國家權力去重建社會秩序的計畫。因此，實不值得費筆墨反駁上述污衊之詞。自由人主義憂心人類的自由正不斷遭受政治野心的侵蝕，其立場自為堅定，攻堅防禦的言詞亦甚犀利；然而，就如布拉克在本書所揭露，自由人主義堅守著「非攻擊原則」。

　　為了和傾向社會主義的左派自由主義（liberalism）有所區別，周德偉曾採用「自繇主義」。這譯詞在典雅中流露其古典源流，亦擺脫自由在中國傳統文化中的負面視野，但苦於字義野僻，流通困難。本書改譯為「自由人主義」，一方面是因為原文中的-ian含有人的意義，另一方面是該主義強調價值的終極判準不是國家也不是社會，而是真實的個人。

　　第二個譯詞是「植拓」（homestead）。這是自由人主義關於私有產權起源的理論假設，源於洛克提出的產權勞動論（labor theory of property）。在人類文明之始，地球的一切均無產權定義。無定義是無人所有，不是公產，也不是公有。此時，任何人

都會使用，或圈地，或爭奪。植拓是一個過程，也是一個止爭的公設。植拓理論主張：當一個人將個人的勞力加入無定義的資源後，就有權獨自擁有這個資源。字面上，「植」是將「個人的勞力加入無定義的資源」，「拓」是「他就有權獨自擁有這個資源」。個人經由植拓過程取得私有產權後，該私有產權就像個人的生命和身體一樣不可侵犯。

　　本文大略談了一些本書的出版目的和其價值，剩下的必須由讀者親自去體會。讀者若想深入了解自由人主義的觀點，可依循布拉克的路，先讀讀蘭德的《阿特拉斯聳聳肩》或赫茲利特的《一課經濟學》。當然，也歡迎來信和我一起討論。我的郵箱地址：cshwang@mx.nthu.edu.tw。

（本文作者為國立清華大學經濟系副教授）

前言

　　多年來，擁護自由市場的經濟學家已經證明了市場如何嘉惠於時常漫不經心的公眾。從亞當・斯密（Adam Smith）時代直至今日，他們證明了一般來說僅受個人利益驅使的生產者和商人，如何在不知不覺的情況下，賦予一般大眾龐大的利益。例如，為追求利潤極大化，將損失降至最低，商人們不得不以最有效率的方式，滿足消費者迫切的需求。經濟學家長久以來便經由**抽象的理論**來呈現這些真理；近年來則是具體地舉例說明私部門運作的優越性和效率。但是，基於嚴肅持重的學究作風，經濟學家的觸角往往侷限於「高尚可敬」的產業：諸如農業、天然氣、住宅和航空業等活動。在本書出版前，從沒有一位經濟學家像瓦特・布拉克一樣有勇氣，敢於直接探討社會上許多遭辱罵、輕蔑和嚴重誤解之職業和工作的道德與經濟地位：他持平地稱這些人為「經濟上的代罪羔羊」（economic scapegoat）。憑著縝密的邏輯和睿智，布拉克教授大膽地為皮條客、敲詐者等等「替死鬼性質的職業」辯護，回復並證明其可觀的經濟價值。透過這樣的方式，本書除了挽回這些飽受斥責職業的名聲之外，還以最完整實的措辭，強調自由市場全體成員所從事之生產性服務的本質。經由這

些最極端的案例，說明亞當‧斯密所接櫫的原則何以連這些個案都能適用，本書遠比許多研究高尚產業和活動的嚴肅書籍，更能證明自由市場的可行性和道德規範。藉由分析和驗證極端的個案，布拉克愈加闡明和證實了這個說法。

這些個案研究的震撼程度，也相當可觀。藉由一再引用勢必會衝撞讀者情感的「極端」案例，布拉克教授迫使讀者去思考和重新思索其最初直覺的情緒反應，並讓他們對於經濟學理論，以及自由市場經濟的優點和運作，增添嶄新且更為紮實的評價。即使是許多目前自認信奉自由市場的讀者，如今也必須準備好徹底領會其信仰在自由市場上、在邏輯上的意涵。對於絕大多數讀者而言，本書將是一場刺激、撼動心靈的冒險之旅，即使是那些自認已經改信自由市場經濟的人，亦復如是。

有些讀者可能會勉強接受說：好吧，我們承認這些人**確實**提供了有價值的經濟服務。但是，看在老天爺的份上，為什麼非得稱他們為「英雄」呢？為什麼相較於雜貨商、服飾商和鋼鐵製造商等其他更為可敬的生產者，皮條客或江湖郎中更加「英勇」，因此就某種意義來說，甚至更道德？箇中原因就在於，布拉克教授所研究的代罪羔羊們，極度缺乏值得人們尊敬的特質所致。雜貨商、鋼鐵製造商和其他業者，他們通常可以在不受干擾的情況下做生意，也確實贏得了整個社群其他成員的尊敬和聲望。但是這些代罪羔羊就不是這樣了；他們的經濟服務不僅未被認可，而且還得面臨稱得上是千夫所指的欺凌、鄙視和憤怒，再加上政府

對他們所從事的活動，幾乎是處處加諸額外限制和禁令。承受著社會和國家冷酷無情的蔑視和譴責，這些社會棄兒、國家所宣稱的法外之徒，即布拉克教授所稱的代罪羔羊，生意照做；無視於眾口同聲的鄙夷，也不管已被宣告為違法，依舊英勇地繼續提供經濟服務。他們才是真正的英雄──而且是拜社會和國家機器施加的不公平待遇所賜。

這些代罪羔羊固然是英雄，但未必是**聖人**。當本書作者將非工會會員的勞工、高利貸業者和皮條客等人，拉抬到「英雄」這等道德高度時，他並無意暗指這些活動在本質上比其他職業道德上更高尚。在自由市場裏，而且在一個對待高利貸業者、血汗工廠雇主的方式絲毫無異於其他職業的社會裏，他們將不再是英雄，也必定不會比其他人品德更高尚。對布拉克教授而言，他們英雄般的地位，只是其他人長期以來加諸他們身上的不公平限制所導致。這正是本書巧妙的弔詭之處，亦即，如果本書中這些隱含的建議被採納的話，則本書所述的男男女女將不再遭到輕蔑或法律壓迫，屆時，也唯有到那時候，他們才不再是英雄。如果你不喜歡將高利貸業者視為英雄的這個想法，那麼唯一能夠剝奪其道德地位的方法就是──將我們這些被誤導的人加諸在他們身上的枷鎖給移除掉。

莫瑞・羅斯巴德（Murray N. Rothbard）

評論

　　閱畢《百辯經濟學》一書，我覺得像是再一次接受了已故的米塞斯（Ludwig von Mises）逾半世紀之前施予我的「休克療法」（shock therapy），該次衝擊之後，我轉而抱持一貫的自由市場主張。即使在現在，我偶爾在一開始還會心存懷疑，覺得「這實在太牽強了」，但通常到頭來還是會發現你是對的。雖然有些人可能會認為這帖藥藥性過強，但即使人們憎恨它，它還是有益的。欲真正了解經濟學，人們必須從自己所珍視的許多偏見和幻象中醒悟過來。經濟學中常見的謬誤，在表達觀點時常常以毫無事實根據的偏見來歧視其他職業。雖然你不會因為揭露了這些刻板印象的虛假面，而讓自己更受到大眾的歡迎，但是你確實有所貢獻。

海耶克（F.A. von Hayek），諾貝爾經濟學獎得主，
奧地利薩爾茲堡大學國民經濟研究所（Institut for
Nationalökonomie Universität Salzburg）

百辯 經濟學

DEFENDING
THE UNDEFENDABLE

序言

　　出現在本書的人物，通常被視為卑鄙可恥，他們所發揮的功能，則是危害世人。有時候，社會本身就很該死，因為它竟孕育出如此應受譴責的貨色。然而，本書主旨將鎖定在如下三個論點：

1. 他們沒有做有暴力性質的壞事；
2. 幾乎在任何情況下，他們確實都有益於社會；
3. 如果他們所從事的活動遭到禁絕，我們自己也會蒙受損失。

　　激發我撰寫本書的動力，正是自由人主義（Libertarianism），此一哲學的基本前提是：**侵犯「非攻擊者」（non-aggressor）是不正當的。**這裏所指的侵犯（aggression），並非捍衛權利、爭辯、競爭、冒險犯難、爭吵或敵對。這裏所說的侵犯指的是暴力的使用，可見於謀殺、強暴、搶劫或綁票等惡行。自由人主義並沒有和平主義（pacifism）的意涵在裏面；它並未禁止人們在自我防禦時使用暴力，甚至也沒阻止以暴制暴。自由人主義哲學所譴責的只是**發動暴力**（initiation of violence）——亦即使用暴力對付非

暴力的人或是其財產。

這樣的看法並無任何牽強或爭議之處。大多數人都會真摯地予以祝福。更確切地說，這個觀點是我們西方文明的重要部分，深植於法律、憲法和自然法之中。

自由人主義的獨特性，不在於其基本原則的陳述，而是存在於應用這項原則時的那種嚴格要求前後一致、甚至流於瘋狂的方式。例如，絕大多數人並未看出此一原則和我們的稅制之間存有任何牴觸，但自由人主義者就看得出來。

課徵稅賦之所以悖於自由人主義的基本原則，因為它涉及侵犯了拒絕繳稅的「非攻擊性公民」（non-aggressive citizen）。就算政府是以提供商品和服務來交換稅款，仍舊無濟於事。重點在於，所謂的「交易」（以稅金換取政府服務），是**強制性**的。個人並沒有拒絕交易的自由。即使絕大多數公民都支持強制性徵稅，事情也是如此。攻擊行為的施行，即便得到多數人的贊同，還是不正當。自由人主義對於強制課稅的譴責，就如同它對於發生在任何領域的攻擊行為的譴責一般。

自由人主義者的信念，和社會其他成員的信念另一個差異就是，對於「視發動暴力為罪惡」這一點持對立看法。自由人主義者堅稱，就政治理論而言，任何不涉及發動暴力的情事，就不是可受責罰的罪惡，而且不應被宣告為違法。這也是我的第一個論點的基礎。從這個角度來看，這些所謂的「惡棍」（villain）其實一點都不壞，**因為他們並未對非攻擊者發動暴力。**

　　一旦人們了解，在這個表面上看似黑名單的罪犯檔案裏，其實沒有人犯過任何強制性罪行，那麼就不難理解我的第二個論點：**幾乎所有讓我們心存疑慮的人，都在負責造福社會**。我們在本書中所關切的這群人並不是攻擊者。他們並未將自己的意志強加在任何人身上。如果社群裏的其他成員和他們有任何的交易往來，一切都是出於自願。人們之所以會從事自願性交易，是因為覺得可以從中獲取某些利益。既然人們是自願地與「惡棍」交易，他們想必從惡棍身上得到了渴望的東西。「惡棍」**一定**提供了某項好處。

　　第三個前提無可避免地是依循著第二點而來。如果自願性交易（對於像代罪羔羊之類的人，這是唯一開放給他們的互動管道）必定有益於交易各方，那麼我們理所當然可以推論，禁止自願性交易勢必會**傷害**交易各方。事實上，我的論點更為強硬。我將提出理由解釋：禁止這群人的活動，不但會傷害潛在的交易對象，還會嚴重損及第三方。一個最明顯的例子就是，禁售海洛英除了導致社會犯罪率攀升，還促成了警察收賄，而且在許多領域裏，甚至引發法律與秩序的整體崩盤。

　　我想在這段序言裏強調的重點（我的核心立場）就是：在「發動攻擊行為」和「其他所有並未涉及這類攻擊的行為」（儘管它們可能會觸怒我們）之間，存在著重大的差異。真正侵犯人權的**唯有**攻擊式暴力行為而已。抑制攻擊式暴力，一定要被視為社會的根本大法。本書所提及的人物，儘管遭到媒體謾罵，而且幾

乎到了人人喊打的境地，但他們並未侵犯任何人的權利，因而不應受到司法制裁。在我看來，這些人全都是代罪羔羊——他們無所遁逃，動輒得咎。但是，如果正義終將獲勝的話，他們的權利一定要得到保護。

本書旨在為市場辯護，並從自由企業制度中，挑出最常受評論家辱罵的市場參與者，特別予以讚揚。之所以這麼做是因為：如果在這些極端的案例中，都可以證明這套價格體系是彼此互利且具有生產力的，則擁護市場所持的論據，整體而言將更強而有力。

然而，避免可能會產生的誤解也很重要。本書**並未**主張市場是一個道德崇高的經濟制度。的確，盈虧互見的商業制度，已經為人類帶來在整個歷史上前所未見的大量消費性商品和服務。這些好處是所有不夠幸運，因而無福享受的民族所羨慕的。以「終極消費者」（the ultimate consumer）的品味、渴望和喜好而言，市場是目前為人所知能夠提供人類滿足感的最佳工具。

但是，市場也會生產一些商品和服務——諸如賭博、賣淫、色情、毒品（海洛英、古柯鹼等等）、菸酒、新潮人士出沒的俱樂部（swinger's club）、煽動自殺——我們至少可以這樣說，其道德地位是備受質疑的，而且在許多情境下，甚至是極不道德的。由此可見，自由企業制度無法被視為一套道德高尚的制度。相反地，做為滿足消費者的一個手段，這套制度的道德層次，至多是和市場參與者本身的目標一樣而已。由於這當中的差異範圍

非常大，從徹底墮落和敗德，到完全正當的都有，因此，市場一定要被視為是無關道德的（amoral）——無所謂道德或不道德。

　　換句話說，市場就像是一把火、一把槍、一把刀或一台打字機：一項既可為善又可作惡的絕佳利器。經由自由企業，我們雖然能夠做善事，但也可以犯下恰恰相反的惡行劣跡。

　　既然如此，我們如何為某些市場參與者（market actor）的不道德活動辯護？這個問題源於自由人主義的哲學，這套哲學只分析一個問題，亦即：在何種條件之下，暴力能夠證明其正當性？答案是：暴力唯有基於防衛目的、或是因應先前的攻擊行為，抑或報復先前的攻擊行為，方才有其正當性。這尤其意指政府並沒有正當理由對於行事敗德者處以罰金、刑罰、監禁、死刑——只要他們並未以威脅或發動肢體暴力的方式危及其他人或其財產。因此，自由人主義**並非**一套生活哲學。它並未擅自指定人類最好的生活方式可能是什麼。它並未在好與壞、道德與非道德、合宜與不合宜之間劃定界線。

　　由此可知，本書為娼妓、色情業者等人所做的辯護，其實範圍非常有限，只是主張：這些人並未對非攻擊者發動肢體暴力。因此，根據自由人主義的原則，這些人身上也不應被施加痛苦或責罰。這只是意味著這些活動不應被處以監禁或其他形式的暴力，絕對**不是**意指這些活動是道德、恰當或良善的。

　　　　　　　　　　　　　　　　　　瓦特・布拉克

Part 1 | 性

Sex

娼妓
The Prostitute

　　儘管受到規範道德議題的藍色法規（blue law）、宗教團體、商務部門等無止盡的騷擾，娼妓依舊不斷與公眾進行著交易。她們所提供服務的價值可從如下事實獲得證明：任憑法律和民間如何反對，人們仍繼續找上她們。

　　娼妓或許可被定義為：以自願性的性服務換取金錢的人。然而，這個定義的關鍵在於「自願性交易」這個部分。不論細節的話，某雜誌封面曾刊登過的一幅諾曼・洛克威爾（Norman Rockwell）的插畫，便說明了賣淫的本質。該幅插畫描繪了一名牛奶送貨員和一名派餅小販（pieman），各自站在他們的貨車旁，起勁地啃著派、喝著牛奶。兩人顯然都對於這樁「自願性交易」感到滿意。

　　缺乏想像力的人，大概看不出來娼妓取悅恩客和前述牛奶與派餅的情節之間，究竟有何關聯。但是，在這兩個例子裏，雙方都是出於自願才湊在一起，意圖相互取悅、各取所需；而且均未使用暴力或欺詐。當然，嫖客稍後可能會判斷他所得到的服務，

並不值得他所支付的金額。娼妓可能會覺得她所收取的費用，無法完全補償她所提供的服務。在牛奶與派餅的交易中，也可能會發生類似的不滿；例如牛奶臭酸，或派餅沒烤熟。但由於雙方的悔恨大概都是發生在既成事實之後，因此不太會改變我們稱這些交易為「自願性」的描述。如果所有參與者都是心不甘、情不願，交易無從發生。

　　有些人——包括婦女解放運動者在內——會為這些貧窮、遭踐踏的娼妓表示哀悼；有些人則認為娼妓的生活有損人格和被剝削。但娼妓並不認為出賣靈肉是有損顏面之事。在考量從娼的優點（工時短、高報酬）和缺點（警察的騷擾、皮條客強迫她們繳交佣金、工作環境欠佳）之後，娼妓顯然認為這份工作利多於弊，而且還挺喜歡的，否則絕不會持續此業。

　　當然，這個「快樂妓女」的形象，將會被娼妓所經歷的諸多負面面向給破除。有些妓女吸毒成癮；有些遭皮條客毒打；有些則是受困妓院，行動不自由。但是這些悲慘面向與賣淫生涯的本質關聯不大。有護士和醫生在遭到綁架後，被迫替逃避法律制裁的逃犯動手術；有人既是木匠，也是毒癮者；簿記員也會被強盜痛毆。我們很難斷定這些專業或行業當中的任何一項，是可疑、有損人格或剝削人的。妓女的人生如她所願，可能好也可能壞。她自願淪落風塵，做一個妓女，而且隨時都可以不做。

　　既然如此，為何要騷擾妓女和禁娼呢？這股動力並非來自嫖客；他是出於自願的參與者。如果嫖客判斷召妓不利於他，他大

可喊停。提議禁娼者也不會是妓女自己。她們是自願從娼，而且幾乎隨時都可以退隱從良——如果她們對於賣淫的比較利益（relative benefit）的看法有所改變的話。

　　娼禁的推動是由不直接涉及性交易的「第三方」所發起。他們的理由因團體、地區和時間不同而異。唯一的共同點是，他們全是局外人。由於這件事情跟他們既沒有利害關係，也沒有立場涉足此事，因此應該不予理會。任由他們決定這件事，就像允許一名旁觀者左右牛奶商和派餅商之間的交易一般荒謬。

　　既然如此，為何這兩個例子會被差別對待？試想有一個叫做「文雅食者」（decent eater）的社團組織，成立宗旨在於擁護如下信條：吃派配牛奶是一樁惡行。即使我們能證明反對吃派配牛奶和禁娼這兩個陣營，均擁有相同的智識價值（intellectual merit）——即，毫無價值——人們對於二者的反應依舊大異其趣。想禁止吃派配牛奶大概只會引發一陣訕笑，但是面對禁娼的意圖，人們大抵會以更寬容的態度來看待。這當中有某種力量在運作著，堅決抵抗就娼妓問題進行智識上的洞察。為什麼娼妓未能合法化？雖然反對娼妓合法化的論點一無是處，但智識社群卻從未明確質疑其虛偽。

　　性交易（諸如召妓賣淫）和其他交易（諸如以牛奶易派）之間的差異，似乎是基於——或至少是關於——我們對於自己可能必須「買春」（buy sex）這件事所感受到、或由外界所加諸的羞愧感。一個男人如果花錢從事性交易，那根本不算是「男子

漢」，一定是沒有能力吸引迷人的女性。

接下來這個著名的笑話闡明了這個論點。一名相貌英俊的男子詢問一名嫵媚動人且「冰清玉潔」的女子，是否願意以十萬美元為代價和他上床。她先是被這個提議嚇得花容失色，然而，經過一番沉思，她最後決定，雖然這和賣淫沒兩樣，但她可以在事後用這筆進帳去做善事。況且，這個男人似乎頗具魅力，看來一點兒也不危險或令人討厭。於是她羞怯地說了聲：「好！」男子接著回答：「那如果是廿塊錢呢？」女人怒不可遏地回擊：「你真是好大膽子，把我想成什麼樣的女人了！」順帶賞了男人一巴掌。「好吧，我們已經弄清楚妳是什麼樣的女人了。現在，讓我們來談價錢吧！」男人答道。該名男子的應答對於女子所造成的重大打擊，只不過是從事這類性交易的人所遭受蔑視的一小部分而已。

有兩個方法可以回擊認為「花錢買春丟人現眼」的態度。首先就是正面攻擊，這方法很簡單，亦即全然否認花錢買春是不道德的行為。然而，此舉大概難以說服那些視賣淫為罪大惡極的人。另一個可能，則是證明每個人無時無刻不在花錢買春，如此一來，我們便不該對於職業妓女和嫖客之間的協議，無端或過度地指責。

我們是不是可以說，當我們從事性活動時，全都涉及交易與付款的行為？最起碼，對於可望與我們結為伴侶的人，在同意和我們共赴雲雨之前，我們都必須提供**某些東西**給他們。只不過，

在事前把條件談清楚的賣淫中，所給予的東西是現金；在其他情況下，交易行為則沒有那麼明顯。許多約會模式顯然就是依循著賣淫的模式。男方預計要花錢買電影票、晚餐和鮮花等等，女方則被預期要以身相許做為報答。婚姻關係——丈夫負責生活開銷，老婆提供性服務和發揮料理家務的功能——顯然也是順應了這樣一套模式。

事實上，所有自願性的人類關係，從愛戀關係乃至於智識關係（intellectual relationship），全都是一筆一筆的交易。在浪漫情愛和婚姻情境中，交易項目是情愛、關懷和體貼等等。交易可能是快樂的，而伴侶也能在付出的過程中獲得喜悅。但它終究還是一筆交易。很顯然，除非給予對方情愛、體貼或**某些東西**，否則就得不到回應。同樣地，如果兩個「非為金錢的」的詩人朋友未能從彼此身上「獲得任何東西」的話，他們的關係也會宣告結束。

只要有交易，就必須付錢。根據我們對於賣淫的定義，只要可以藉由付款以換取一段包含性行為在內的關係（諸如婚姻和正在約會的伴侶）——就有賣淫存在。多名社會評論家已適切地將婚姻喻為賣淫。但其實，所有產生交易的關係，無論有沒有包含性在裏頭，都是一種賣淫的形式。因此，我們非但不該因為這類關係全都近似於賣淫而加以譴責，反倒應該將賣淫視為全體人類所共同參與的一種互動而已。以下任何一種關係都不應該遭到反對——包括婚姻、友誼和賣淫。

皮條客
The Pimp

　　不知從什麼時候開始，皮條客被視為靠妓女吃飯的寄生蟲。但是，為求公平起見，我們必須檢視皮條客的真正功能。

　　首先必須澄清的一點是，「皮條客乃是使用暴力的壓迫和威脅，以聚集娼妓並讓她們為自己所聘僱」的這個說法。雖然有些皮條客確實如此，但此一事實就能合理化我們對於這個行業本身的譴責嗎？又有**哪一種**職業，裏頭每一個從業者都是清清白白的？不論是泥水匠、水電工、音樂家、牧師、醫師或律師，曾經侵犯其同業權利的更是大有人在。但是，就**做為**一種職業而言，這些職業完全不會受到譴責。

　　因此，問題應該是出在皮條客這項職業本身。無論是任何一名皮條客，或甚至是全體皮條客的行為，都不能合法地被用來譴責皮條客本身做為一種職業，**除非此一行為是該職業不可或缺的一部分**。照這樣看來，**就做為一種職業而言**，擄人勒贖就是一項邪惡的職業。即使某些綁匪可能做了些好事（例如捐獻一部分贖金到慈善機構），或甚至所有綁匪都在做善事，擄人勒贖這個行

業並不因此而較不惹人憎恨，因為，擄人勒贖這個行業的行為，被界定（define）是邪惡的。如果說，拉皮條這個行業的行為被界定是邪惡的，那麼它就應該受到譴責。為持平看待皮條業，由某些皮條客所犯下之不涉及皮條業本質的邪惡行為，都必須先撇開，因為那和職業本身幾乎毫無關聯。

皮條客**本身**的功能，相當於經紀人（broker）。無異於房地產、保險、股票交易、投資、商品期貨等行業，皮條客所發揮的功能就是撮合雙方達成交易，而且成本比沒有皮條客居間協調要低。受到經紀人服務的交易各方，都從這項經紀業務中得利，否則他們就不會找上他。皮條客的情況就是如此。顧客省下了徒勞無功或蹉跎光陰的等待和尋覓時間。比起花費時間和心力找妓女，打電話找皮條客安排一名妓女，自是容易許多。而且，得知妓女是被介紹來的，嫖客也會比較有安全感。

妓女亦從中得利。她爭取到了原本可能得花在拉客上的時間。此外，她也受到皮條客的保護──過濾掉討人厭的尋歡客和警察（警察這個行業**本身**的部分職務，就是阻止妓女和合意成人〔consenting adult〕自願性交易）。比起阻街或是流連一家又一家的酒吧拉客，由皮條客所安排的接客任務，將可提供妓女額外的人身安全。

比起受到為他招攬生意的業務員剝削的製造業者，或是把一定比例的演藝收入支付給經紀人，請其代為尋覓新角色的女演員，娼妓被皮條客剝削的程度，並不會更嚴重。在這些例子裏，

「聽著，我是她爸爸，我只關心她過得好不好──但是她不聽我的話！請轉告她──要她跟我一起回去我們在俄亥俄州亞克朗市（Akron）的老家。她會聽你的，你是她的皮條客⋯⋯」

雇主經由雇員所提供的服務，賺到了高於聘僱成本的利潤。如果不是這樣，雇傭關係就不會存在。妓女和皮條客的關係（雇主之於雇員），便包含了相同的互利在內。

專業的皮條客，發揮了經紀業務的必要功能。而且在這方面，如果說皮條客和銀行、保險、股市等經紀人有任何區別的話，那就是皮條客比他們更可敬、高尚、正直。一般經紀人仰賴限制性的（restrictive）州法律和聯邦法律來阻撓同業競爭，然而，皮條客卻永遠無法利用法律保障他的地位。

男性沙豬
The Male Chauvinist Pig

　　婦女解放運動是一個包含了諸多不同計畫的混合物，並且結合了各種目標互異的團體。有判斷能力的知識份子（discriminating intellect）或能接受婦女解放運動的部分目標、目的、動機和計畫，並抵制其他部分。但如果只因為這一大堆不同的價值和態度被綁在一起，就把它們視為相同的東西，那將愚蠢至極。婦女解放運動的觀點可被劃分為四大範疇——其中每一個都需要截然不同的取徑。

1. 欺凌女性的壓迫行為

　　除了謀殺之外，對待女性最為粗暴的壓制行為，莫過於強暴。然而在這個男性主導的社會裏，強暴並非全然不合法。當施暴者是她的丈夫時，強暴就不算違法。而且，雖然發生在婚姻「神聖性」之外的強暴就算違法，但法律對待強暴的方式，仍有許多待改進之處。首先，如果施暴者和受害者先前曾經有過任何往來的話，法庭便會推斷強暴指控不成立。其次，為了證實確有

強暴情事，一直到最近，許多州都還是要求必須有目擊證人。再者，如果施暴者的友人發誓他們曾和受害者有過性關係，那麼受害者很可能就會被貼上「敗德」的標籤，因而幾乎不可能把施暴者定罪。如果受害者是一名妓女，同樣也不可能證明施暴者有罪。這種法律上對於妓女遭強暴罪名之不成立（inability），背後乃是基於一個荒誕的觀點，亦即：強迫一個人去做一件她在其他時候樂於從事的行為，是不可能的。

婦女解放運動最吸引人的一個面向就是，贊成對強暴施以更重的刑罰，而且還要賠償受害者。從前，在政治光譜上佔據了相當於今日絕大多數女性主義者所處位置的人（例如，自由主義者和左派份子），均大力主張對強暴犯從輕量刑，以及全面寬宥罪犯。在他們看來，所有的犯罪行為，包括強暴在內，主要都是由貧窮、家庭破碎、缺乏休閒娛樂設施等等所致。他們的「解決之道」則是直接依循以下的「真知灼見」：更完善的社會福利制度、為社會底層的窮人興建更多公園和遊樂場、提供心理諮商和療法等等。相較之下，女性主義者堅持對強暴犯——和更惡劣者——採取嚴刑重罰，則像是一股新鮮空氣。

雖然強暴是政府默許對婦女施以強制行為的案例中，最顯著的一個，但不僅止於此。試想，禁娼的法律究竟意味著什麼。這些法律禁止合意成人之間的交易。這些法律不利於婦女，因為它們阻止她們以正當手段謀生。如果這些法律不利於女性的偏見還不夠明顯，那麼再試著想想：雖然這項交易對於顧客和賣方而

言，都是非法的，但是當女方（賣淫者）被捕時，男方（嫖客）卻幾乎從未落網。

堕胎則是另一個恰當的例子。雖然傷害已經造成，但堕胎卻又受限於阻礙性法規（obstructive rule）。無論是全面禁止堕胎，或是在現有法令管控之下的堕胎，兩者都拒斥了高貴、崇高的自我擁有權（self-ownership）道德原則。因此，它們是退回奴隸制的開倒車之舉，一個在本質上「隔絕人類及其自我擁有權」的障礙物。如果一個女人擁有她的身體，那麼她就擁有她的子宮，也因此，只有她自己享有完全且自主的權利，決定是否要生小孩。

政府支持或其本身主動地涉入壓迫婦女的方式，有著各種不同的形式。例如，一直到最近，女人才和男人一樣享有擁有財產或簽訂契約的權利。至今仍有法律明文禁止**已婚**婦女（而非已婚男士）不得在未經配偶同意下，出售財產或經商。某些州立大學對於女性所設下的入學規定，也較男性更為嚴苛。公立學校裏惡名昭彰的分班制度（tracking system），則是把男孩導向「男性的」活動（運動和木工），把女孩轉向「女性的」活動（烹飪和縫紉）。

重要的是，我們必須了解到這些問題**全都**有兩個共同點：它們是用來對付女性的攻擊性暴力的實例，而且全都和國家機器（apparatus of the state）糾結在一起。雖然未獲廣泛認可，但是，比起我們所描述的其他行動和活動，上述說法用在強暴和賣淫上，可說是再真確不過了。因為，除了說從事這些活動的女人將

遭受國家的強制手段、罰金或判刑坐牢之外，否則，主張女人無權墮胎、無權擁有財產或無權創辦事業究竟是什麼意思。

顯然，政府和個人都可能心存歧視。但**唯有國家和非私人的**歧視，侵犯了女性的權利。當一介平民心存歧視，他（或她）是動用他（或她）自己的資源這麼做，用的是他（或她）自己的名義。但是當國家發生差別待遇情事，則是運用公民的資源這麼做，而且是憑藉全民的名義。當中的關鍵性差異就在這裏。

如果是一家私營企業，例如一家電影院，出現歧視情事，那麼它就是冒著賠錢，而且可能會破產的風險。反對歧視的人可能會撤回資金，或不再光顧這家戲院。然而，當國家涉及歧視，這些人別無選擇，而國家也沒有破產之虞。即使人們是在他們可以撤回資金的州營機構裏（例如就讀於州立大學的學生）反對歧視，但是政府還是可以另闢蹊徑。它可以從稅收來補償資金的減少，而且，在強制的威脅下，人們**一定要**繳交這些稅賦。

即便是女性所蒙受的肢體騷擾（pinch），也和國家機器牽扯不清。對照一下，當性騷擾發生在私人處所**範圍內**（一家百貨公司）和發生在戶外（和百貨公司隔一條街的路上）時，各會出現什麼狀況。當一名婦女在私人處所內遭到騷擾，營利性質的自由企業制度（free-enterprise system）將投注全副心力來承擔這個問題。逮捕罪犯和遏止冒犯行為，完全符合企業家的私利。如果他不這麼做，顧客將會流失。實際上，存在於百貨公司業者之間的相互競爭，可為顧客提供安全和舒適的環境。在對抗危險這方面

達到最成功境界者，往往可獲致最豐厚的利潤。至於失敗者，無論是因為忽略這個議題或是計畫執行不力，通常會招致重大損失。當然，這並無法保證肢體騷擾和其他冒犯行為將就此終止。只要人們在道德上依舊不完美，這些行為就會一再發生。但是，這套制度確實也藉由損益原則，而激勵了那些最能控制住情況的業者。

　　然而，相較於發生在公領域的一切，這套私有制度畢竟比較完美。因為在公領域裏，幾乎沒有誘因讓人們去處理這個問題。當一個女人被偷捏了一下或是遭其他方式騷擾，沒人會因此而損失任何東西。雖然市警局（city police）理應擔負起這個責任，但是，他們在履行職責時，並未自然享有損益獎勵制度的好處。警察的那份以人民納稅錢支付的薪水，與他們的績效無關，而且當婦女受到騷擾時，他們也不會遭受財物上的損失。很顯然地，這也就是為什麼這類型的騷擾絕大多數都發生在街上、而非商店和百貨公司裏的緣故。

2. 對付女人的非強制性行為

　　嚴格說來，許多欺壓女人的行為都不是強制性的。例如，吹口哨、色瞇瞇地上下打量（leering）、嘲弄、諷刺、輕浮地調戲等等。（當然，人們通常很難事先判定帶有調情意味的言詞是否會受到歡迎。）試想那些不斷地發生在男人和女人之間的性誘惑（come-on）。雖然對許多人而言，尤其是那些從事婦運的人，這

類型的行為和強制行為之間並沒有太大差異，但其間的區別卻是非常重要的。雖然兩者可能都會引起許多女性的反感，但是其中一個是涉及身體上的侵犯行為，另一個則不是。

其他許多種類的行為也落入這個相同的範疇。例如：使用帶有性暗示的粗話（「淫婦」〔broad〕或是「性交」〔piece of ass〕）；提倡雙重標準的道德觀和特定的禮儀規範；只鼓勵男孩發展心智能力，而不鼓勵女孩；社會集體辱罵參與「屬於男性的體育活動」的女性；「性別歧視」的廣告；以及女性身上被加諸的貞節或純潔象徵。

關於上述情況和其他可能會冒犯、但又沒有強制性的態度和行為，在此要強調兩個重點。第一，禁止這樣的非強制行為並沒有合法性。企圖這麼做將涉及大舉侵犯其他人的權利。言論自由意味著人們有權說他們想說的任何話，即使是可能會被指摘或是粗野的言論也行。

第二個重點更為複雜，而且很不明顯。在相當程度上，這些應受指摘但非強制性行為的本身，都是受到在幕後運作的**強制性**國家集權論（statist）的活動所促成和鼓勵。例如，在土地、公園、人行道、公路、企業等場合，四處可見政府握有所有權和從事經營管理。這些由不合理的強制徵稅所支持的強制性活動，應該被合法地予以批判。如果在上述場合，政府的角色能加以剷除的話，那麼政府所支持的令人討厭、但又合法的行為，將在自由市場的協助下逐漸減少。

　　看看這個例子，一名（男性）上司以一種令人不悅、但非強制性的方式，騷擾了一名（女性）祕書。我們將針對這類活動發生在公有或私人處所的情境進行比照。為分析這點，我們必須了解勞動經濟學家所稱的「補償性差額」（compensating differential）。所謂補償性差額是：適足以補償員工因工作所致的精神損失之金額。例如，假設眼前有兩個工作機會。其中一個辦公室是在冷氣房裏，視野佳，環境宜人，同事好相處。另一個工作則是在潮濕的地下室，身邊盡是些充滿敵意的同事。然而，這種情況通常就會出現**某種**程度薪資上的差別，而且差額大到足以吸引人去從事那份比較不舒適的工作。這個差額的確切金額因人而異，但它確實存在。

　　正如同要雇用員工在潮濕的地下室工作就必須支付補償性差額一般，這筆款項也必須支付給在有被性騷擾之虞的辦公室工作的女性員工。如果老闆是經營私營企業的話，則此項薪資成本的增加便是來自他的口袋。也因此，他有強烈的金錢誘因要去控制他自己和受雇者的行為。

　　但是，如果這是發生在政府機關或是由政府所贊助的企業呢？付錢的是納稅人，況且這筆稅金還不是因為人民獲得滿意服務而支付，而是強制徵收。因此，老闆較沒有理由去行使控制權。顯然地，這類型的性騷擾——本質上是冒犯的，但非強制性——是由政府做為課稅者（tax collector）角色的強制行為所促成。如果稅賦是自願地繳交，則企業老闆，甚至政府局處首長，

將會受到有意義的控制。如果他的行為冒犯了員工,他將必須賠錢。但是,因為他是由強制課稅而來的金錢所支持,所以員工完全受制於他。

對照以下這兩種情境:同樣是一群男人對著路過的女性吹口哨、嘲弄和發出輕蔑、侮辱的言論,但一群人是在公有人行道或街道上這麼做,另一群人則是在飯店或購物中心這類私人處所這麼做。

如今,在哪一個情況下,這個合法但應受指摘的行為,更有可能被制止?在公部門,終止這項騷擾行徑並無關於執業者的金錢利益。因為根據假設,這個行為是合法的,因此,公共警察也無力加以阻止。

但是,在私人企業的範圍裏,每個希望雇用或賣東西給女性(或是反對女性受到粗暴對待的男性)的企業家,都有強烈的金錢誘因去終止前述行為。這也就是為什麼這類騷擾十之八九總是發生在公共人行道或街道上,而百貨公司、飯店、購物中心或其他追求利潤和關心財務表現的公司,幾乎從不曾發生。

3. 男性沙豬是英雄

我們應該仔細考量由婦女解放運動擁護者所犯下的兩個嚴重錯誤。如果她們見識夠長遠的話,最好能夠反對以下這些能讓男性沙豬被視為英雄的方案。

強制推行「同工同酬」的法律。當然,這個問題在於如何定

「這裏是太空航行地面指揮中心——休士頓方面報告：太空人瑪莉・艾倫・威爾森將在廿六小時內月經來潮，只偶爾幾次對指揮官喬・法利中尉和隊長艾德・維德發脾氣，間或微微啜泣……」

義「同工」二字。如果將「同工」按照字面解釋，並且涵蓋員工生產力的所有面向，兼顧短期與長期情況的話，那麼應該包括：心理狀態的差異、應對顧客和其他員工的能力，以及員工緊密配合業者好惡和特殊習性的能力等。簡言之，如果對於業者而言，同工代表獲利能力相等，則這些元素都必須考慮。唯有到那時候，在自由市場上，具備同等能力的勞工才能日趨賺取相同薪資。例如，即便女性按照前述標準，稱得上是和男性旗鼓相當的好勞工，但如果她們的薪資依舊比男性少，那麼到頭來，市場機能將會運作以確保同酬。為什麼呢？因為雇主如果用女性勞工替換掉男性勞工，他們就可以賺得更多。如此一來，對男性勞工的需求將會減少，從而降低了男性勞工的薪資。每個以女性勞工取代男性勞工的雇主，將比拒絕這麼做的雇主更具競爭優勢。追求利潤極大化的雇主，將比那些施行差別待遇的雇主持續賺取更高利潤。而且，在其他條件不變的情況下，利潤極大化者也比歧視者更有本錢削價廉售，最終迫使後者宣告破產。

然而，事實上，同工同酬制的擁護者並沒有考慮到平等（equality）的嚴酷面。他們對於「平等」的定義是指：相同的受教育年限、平分秋色的技能、同等的大學學歷，以及或許在資格考試上成績差不多。可是，在這類判斷標準上幾乎一模一樣的人，為雇主賺取利潤的能力可能大相逕庭。例如，試想兩名一男一女的勞工，就考試成績和大學學歷而言，可說是不相上下。但不爭的事實是，如果碰到懷孕這件事，女性留在家中帶小孩的可

能性高出許多。在此，考量這個習俗的公平與否並無意義；討論女人在家帶小孩是否為**事實**才較為適切。如果女性留在家，中斷了職業生涯或工作，那麼對雇主而言，她的價值自然較低。在這樣的情況下，雖然爭取同一份工作的男性和女性求職者，可能在條件上不分上下，但就長期而言，男性的生產力將高於女性，因此對雇主而言更具價值。

弔詭的是，許多指出男性和女性生產力不均的證據，是來自婦女解放運動本身。有多項研究先是將男女分組測試，接著又集合在一起彼此競爭。在某些情況下，當男女兩組隔離測試時，女性明確地表示她們與生俱來的能力優於男性。然而，當兩組擺在一起競爭時，男性的得分卻總是高於女性。再強調一次：這裏的重點並不在於這類事件的**公平性**，而是其**結果**（effect）。重要的是，在工作的世界裏，女性常會自覺和男性處於競爭狀態。如果她們不斷地順從男性，而且無法全力以赴和男性競爭，那麼事實上，對於業者而言，她們在獲取利潤這方面其實幫助較少。如果女性在測驗成績的表現和男性一樣，但是當涉及利潤極大化時又不如男性，那麼最後將證明，同工同酬對女性而言簡直是災難一場。

同工同酬制之所以會釀成災難，是因為利潤極大化的誘因將全然改變。市場並不會發揮一股強勁、穩固的推力，促使雇主開除男性轉而聘用女性，相反地，雇主將會解雇女性，並以男性遞補她們的職缺。如果，即使男女的生產力不同，雇主仍被迫支付

相同工資，那麼利潤將隨著以男性勞工取代女性勞工而遞增。有意採取女性主義觀點，堅持留用女性勞工的雇主，其利潤將會下降，並且流失市場占有率。而生意興隆的雇主，將會是那些不聘用女性的人。

該強調的是，讓生產力完全等同於男性的女性，領取和男性同等工資的可能性，只存在於利潤導向的自由市場。唯有在自由企業，才會有金錢誘因讓人願意雇用生產力高但薪資過低的女性，先是「利用」她們的困境，再調高她們的薪水。

在政府部門和非營利部門，這些利潤誘因顯然付之闕如。也因此，有關同工不同酬等虐待婦女情事，幾乎全都發生在政府和非營利組織，也就不令人意外。這些單位包括學校、大學、圖書館、基金會、社工組織和公務機關。至於在電腦、廣告或媒體業這類私營企業領域裏，則少有女性認為其工資過低。

4. 強制推行反歧視的法律

位於紐約市的啤酒屋麥索利（McSorley's），一直到被「解放」之前，都是女賓止步。在紐約州新訂反歧視法的旗幟下，這家酒吧有史以來首次開始為女性服務。此舉被自由主義者、進步人士和婦女解放運動陣營，高呼為偉大且前進的一步。這項反歧視法以及隨之而來麥索利啤酒屋的解放，其背後的基本哲學似乎是：基於性別因素，而在潛在顧客之間行差別待遇，是非法的。

如果這套哲學的問題所在一下子無法看出，我們可藉由考量

幾個**歸謬證法**（reductio ad absurdum）來凸顯它。例如，假設這套哲學被嚴格遵守，那麼，在「公共」場合專供男性使用的廁所，難道不會被視為「性別歧視」嗎？而學校裏的男生宿舍，又該當如何？甚至是男同志都有可能會被指控為「歧視」女人。而那些嫁給男性的女性，難道不也是歧視其他女人嗎？

　　這些例子當然很荒謬。但是它們和反歧視背後的哲學卻是一致的。如果它們很可笑，那是因為這套哲學本身就很可笑。

　　了解到所有的人類行動其實都帶有「歧視」的意涵，是很重要的，因為「歧視」這個字眼已被過度濫用，它唯一合情合理的定義就是：在手邊可得的選項中，挑揀和選擇出最符合他或她的利益的東西。在人類所採取的行動中，**沒有**一項是不符合這句話的。當我們在選購牙膏、選定交通工具或挑選結婚對象時，我們都在區辨好壞。美食家或品酒師所進行的評鑑，正是、也只能是全體人類都會進行的鑑賞活動，因而，對於鑑別優劣所做的任何攻擊，都是企圖限制每個人的自由選擇權。

　　但是，何謂女性可以到麥索利喝啤酒的選擇權？她們的選擇權遭到侵犯了嗎？不！她們所經歷的是：當一名女子拒絕一名男性做出與性有關的友好表示時，該男性所體驗到的感受。拒絕和某男子約會的女性，並不會對於自己侵犯了男子的權利而感到罪惡——因為他的權利並未包含與女子建立一段關係。雖然那是有可能發生的事，但並不是一項權利，除非她是他的奴隸。同樣地，一名男子希望和其他男人一同喝酒，並未犯下侵犯女性權利

的罪行。因為女性的權利並不包括和那些「不想跟她們一起喝酒的人」一起喝酒。唯有在奴隸社會，情況才不是如此。唯有在奴隸社會，主人才可以強迫奴隸聽命行事。如果反歧視的影響力成功地將其哲學硬套在公眾身上，那麼這套觀點也會成功地將奴隸制度這個邪惡的象徵，強加在大眾身上。成功抵抗這些趨勢的男性沙豬，某種程度上應該被視為英雄才對。

Part 2 | 藥物

Medical

毒販
The Drug Pusher

　　販毒這個邪惡的行業，導致了令人痛苦的死亡、罪行、搶劫、強迫賣淫和層出不窮的兇殺案。毒癮者即便是在「戒絕惡習」之後，通常一輩子都會受其影響。在成癮期間，毒癮者成了毒品的無助奴隸，願意墮落至任何境地，只為「再來一管」。

　　既然如此，毒販的邪惡本質還有什麼令人懷疑的？甚至，我們怎麼還能心懷善意地看待這種人？

　　海洛英成癮的種種罪惡，實際上都是由「禁用毒品」所引起，**而非毒癮本身所致**。在藥禁的情況下，非法販毒者在**減輕**「藥禁所帶來的罪惡」這方面，比任何人都要貢獻良多。

　　禁用海洛英所造成的嚴重後果，就是促使藥價攀升到只能用「直上雲霄」來形容。當某項商品被判定違法時，除了種植、收割、保存、運輸和交易等經常性成本之外，規避法律的成本以及避法不成時所支付的罰金，勢必會增加。以私釀威士忌（1920年代禁酒時期）為例，其額外成本之所以沒有過高，是因為當時執法鬆弛，而且該項法案並未獲得廣泛支持。但是在海洛英的例子

中，額外成本可是高得不得了。反海洛英法規受到廣泛的支持，並要求科以更嚴峻的刑罰。大城市的破敗貧民區裏維持治安的團體和少年幫派，對於毒販和毒癮者自有一套罰則。這些團體已經得到「法律與秩序」（law and order）陣營「一定程度的支持」，使得賄賂警察變得更困難而且昂貴，因為警方害怕一旦東窗事發，社會將對他們科以嚴刑重罰。

除了必須支付警方天價的賄賂，毒販還必須支付高薪給員工，因為受雇者在走私毒品和經營工廠以提供街市毒品交易的貨源時，面臨了諸多危險。此外，他也必須推行某種程度的家戶長制（paternalism），以照顧失風被捕的員工，並且賄賂政客、律師和法官以求將刑罰降至最輕。

這些都是導致海洛英價格居高不下的因素。要不是因為禁用海洛英所加諸的許多額外成本，海洛英和其他農作物（小麥、菸草和大豆等）的價格不會差異那麼大。如果海洛英合法化，則根據最理想的估計，毒癮者將可用相當於一條麵包的成本，取得他日常所需的劑量。

受制於禁令，海洛英毒癮者每天可能得花上相當於一百美元來滿足其癮頭。而且，視市場資訊和貨源的情況而定，毒癮者每年得花上三萬五千美元左右，來滿足自己的惡習。顯然地，**這一大筆開銷**正是常被歸罪於海洛英毒癮的無數人類苦難的源頭。典型的毒癮者通常都是些年輕、未受教育，以及無法經由正當管道賺取足夠的金錢以支撐其吸毒習慣的人。如果未能尋求醫療和精

神方面的協助，毒癮者為求「一管」唯一能做的選擇就是淪入犯罪生涯，最終可能會遭警方或街頭幫派緝捕。此外，毒犯所處的情勢遠不如非毒癮者的罪犯。後者可以選定最佳的時機和地點以進行一樁搶案。但是毒癮者每當需要來「一管」時，就必須從事犯罪行為，而這些時間點通常是發生在當他無毒可吸，反應力特別遲鈍的時候。

深思過「銷贓」的經濟學後，有關毒癮者必須犯下大量罪行以滿足其毒癮的原因，就變得顯而易見。為了籌措每年購買毒品所需的三萬五千美元，毒癮者必須竊取相當於該筆金額**五倍**的財物（每年將近廿萬美元），因為收購贓物者所支付的金額，通常只有物品零售價的百分之二十或更低。如果以二十萬美元這個數字，乘上紐約市估計約一萬名的毒癮者，則由毒癮者犯行所招致的財物損失，總值約二十億美元。

強調這些罪行是由於禁用海洛英所致，而非起因於海洛英毒癮，實在是再合理不過。迫使海洛英價格狂飆和驅使毒癮者淪入犯罪和殘酷生涯的正是藥禁本身，而這樣的生活很可能導致毒癮者死於非命，或是危害他人的性命。

為證明這一點，試想那群為數不多但非常值得注意的醫師。這些人因為有管道取得海洛英，因而自身吸毒成癮。由於醫師的藥品供應並未違法，因此價格不會過高。他們過著「正常」、有益且能實現個人抱負的生活——除了吸毒這點之外。就經濟學觀點來看，如果他們不是對海洛英上癮，而是糖尿病患者，並且使

用胰島素成癮，原則上他們的生活並不會有太大不同。無論是染上哪一種癮頭，這些醫師還是可以發揮他們的專業。然而，如果他們海洛英的合法貨源被切斷（或是胰島素突然間被宣告為非法），這些醫師便將受制於街頭毒販任憑宰割，無法確知他們所購買毒品的品質良窳，而且被迫支付高昂價格以取得貨源。在這些不同於以往的情境下，吸毒成癮的醫師所處的形勢雖然會較為艱困，但應不至於陷入悲慘境地，因為這群專業人士大多能輕鬆地負擔這筆每年三萬五千美元的毒癮開銷。但是，那群生活困苦、未受教育，根本毫無指望的毒癮者，該怎麼辦呢？

與海洛英毒販踏入這行的動機恰恰相反的是，他們的**功能**竟是**壓低**毒品價格。每當跨入海洛英毒販這行的人多增加一點，毒品價格就會降得**更低**。相反地，每當海洛英毒販的數量下降（經由勸阻或檢舉），毒品價格就會**上漲**。既然毒癮者的困境或是毒癮者所犯下的罪行，並非由於海洛英本身的販售或使用，而是藥禁所引起的**天價**所致，我們便可合理推論：任何造成海洛英降價的行動，都能減輕這個問題。如果問題是由毒品的高成本所引起，那麼降低成本就必須被視為是解決方案之一。

因此，能在降低毒品價格上發揮相當作用的人，正是毒販；而經由干擾毒販活動而導致毒品價格上揚的，則是「法律和秩序」的力量。所以，真正必須被視為英雄的，反倒應該是經常遭到謾罵、撻伐的毒販，而非廣受愛戴的「緝毒探員」。

海洛英的合法化，向來便是基於「進步和文明將因此陷於停

滯」等理由而遭到抵制。英國和中國在成癮性藥物這方面的經驗不斷地被引述，而我們應該想像得到許多人橫臥街頭、心神恍惚的畫面。這裏所持的論點是，凡是會阻撓進步者（諸如海洛英的濫用）均應禁止。不過，還有其他事情也會妨礙持續進步，但絕大多數人卻不願加以禁絕——休閒就是其中一例。如果員工的休假日累計達全年工作日的百分之九十，則「進步」勢必會衰退。休長假應該被禁止嗎？幾乎不可能。此外，現行針對海洛英所訂下的禁令，並未消弭毒品的取得和使用。從前，只有在大都市裏的貧民區才買得到毒品；如今，富裕的郊區街角和校園裏都可以買到。

在中國人吸毒經驗的這個例子裏，中國商人是**受迫**於船炮「外交」而不得不引進鴉片。成癮性藥物的合法化，絕不會**強逼**人們吸毒成性。更確切地說，暴力脅迫、或者說是暴力的根除，才是廢除海洛英禁令的主因。

在英國（藥物是由醫師或取得執照的診所，合法且低成本地加以管理），論者以為，自從低成本藥物計畫開辦後，毒癮者的數量激增。但這個數字其實是一個統計學上的人為誤差（artifact）。過去，當毒癮被視為違法時，許多人不願呈報自己是毒癮者。當毒癮被合法化，而且以低成本便能取得藥物時，統計數字自然會拉高。英國政府衛生部門有對藥物進行管理，只提供給登記有案的毒癮者。在這樣的情況下，如果吸毒成癮比率竟然還顯著成長，確實相當出人意表。

　　被列入統計資料的毒癮者數量之所以增加，另一個源頭則是從「大英國協」（Commonwealth）國家遷徙至英國本土的移民潮。這批突然湧入的移民，可能因為適應不良而引起暫時性的問題，但這實在無法構成對於這項（毒品合法化）計畫的控訴。相反地，它為該計畫的先見之明和進步性，提供了豐富的證言。怪罪此項計畫導致毒癮者增加，就好比怪罪首位進行心臟移植手術的醫師克里斯提安・巴納德（Christiaan Barnard），造成南非想接受心臟手術的患者數量增加一樣。

　　總之，應該說明的是，海洛英毒癮或許十惡不赦，不具備任何可在社會上獲得救贖的特色。如果真是如此，宣傳毒癮之惡的努力，當然會博得喝采。然而，目前針對海洛英和其他易上癮的烈性毒品（hard drug）的禁令根本毫無用處，反而導致無數的苦難和重大社會動亂。為維護這項惡法，緝毒探員放任毒品價格持續攀升，平添社會悲劇。唯有甘冒極大個人風險仍堅持販毒，進而促成毒品售價降低的海洛英毒販，才能稍稍挽救人命，並減緩悲劇的發生。

吸毒者
The Drug Addict

　　此時此刻，對於海洛英毒癮之惡的討論日益熱烈，我們最好依循以下這句古老諺語：「不要只聽信一面之詞」。在此事的諸多理由之中，或許最重要的一個就是，如果人人都反對某事物（尤其是吸食海洛英成癮），那麼我們就能假定：該事物一定存在著**某些**有利於它的隱情。貫穿人類漫長且爭議不斷的歷史，在絕大多數時候，多數人的意見都是錯的。

　　從另一個角度看，即使是認同多數意見的人，也應該欣然接受對於多數意見的攻訐。根據功利主義者（Utilitarian）約翰・彌爾（John Stuart Mill）所言，傳授生命真理的最佳方式就是經由傾聽反對意見。先讓自己的立場接受挑戰，接著再讓質疑失效。在彌爾看來，這個方法實在太重要了，所以他建議：如果真正的異議立場不可得，不妨向壁虛構一個，並盡可能地讓它具有說服力。由此可見，認為海洛英毒癮十惡不赦的那些人，應該熱切地聆聽支持它的論點。

　　毒癮現象應從一個內在的（intrinsic）觀點來看。亦即，應該

假設：吸毒所導致的社會或人際關係問題——吸毒者為滿足毒癮而涉入犯罪活動的必然性——已經不存在。由於這個問題是由禁售麻醉藥品的法令所引起，因此和藥物本身並無關係（extrinsic）。藥物成癮的內部問題，都是外界宣稱他們所必須面對的其他問題。

在任何一份有關「毒癮的非社會問題」的清單上，最主要的部分就是斷言染上毒癮將縮短壽命。據說，吸毒導致壽命縮短的數字介於十年到四十年不等；這要看毒癮者的年齡和健康狀況，以及提出此說法者所抱持看法為悲觀或樂觀而定。雖然這很令人遺憾，但實在無法構成對於毒癮的有效批評，也絕對無法合理化海洛英的禁用。

前述批評之所以無效，或是未能合理化毒品禁令，是因為決定要過什麼樣的生活，乃是個人的選擇——生命可以很短暫，但包括一些令人愉悅的活動；抑或活得長久，卻無緣享受這樣的樂趣。既然諸如此類的選擇並無客觀判準，因此，在光譜上也就沒有任何一個選項是非理性、或不可信的。一個人可以選擇盡量增加長壽的可能性，即使這意味著棄絕飲酒、抽菸、賭博、性愛、旅遊、橫越馬路、激烈爭辯和激烈運動。或者，可以選擇從事這些活動的任何一項或全部，即便那意味著壽命的折損。

另一個將矛頭指向毒癮的論點就是，毒癮使人無法履行責任。常被引用的例子是：一名父親因持續受到海洛英的影響，而無法履行對於家庭所肩負的財務和其他義務。且讓我們**假設**，讓這名父親無力履行其職責的正是海洛英毒癮。然而，我們還是無

「……坦白告訴你，對於目前往來的藥廠所提供的藥物品質，
我感到非常滿意。」

法就此推論海洛英的使用和販售應該被禁止。基於任何一項活動
將使人在某些方面無法運作的理由而禁止該項活動，是不合理
的。因為，如果真是如此，那為何能力未受損或未負有類似責任
的人，也該被禁用海洛英？如果基於這個理由而禁用海洛英是恰
當之舉，那麼禁止賭博、飲酒、抽菸、開車、搭飛機和其他具危
險性或有潛在危險的活動，肯定也是恰當的。但是，這麼做顯然
荒謬至極。

　難道說，對於因為毒癮而不接受或無法履行其責任者，海洛
英就該是違法之物，但對於其他人就該是合法的？答案是否定
的。接續前述案例，當一名男子結了婚，他並未同意戒除掉所有
可能會招致危險的活動。畢竟，這紙婚姻合約並非賣身契。婚姻
並未禁止任何一方從事可能會令對方感到不舒服的活動。肩負責
任者確實有可能會在打網球時心臟病發，但沒人會據以建議他們
應被禁止從事體育活動。

　另一個反對毒癮的論點就是：毒品使用者將會變得毫無生產
力，變成拉低國民生產毛額（Gross National Product; GNP）的人
——而GNP正是國家整體經濟福祉的指標。因此，照這個說法，
毒癮會對國家造成損害。

　上述論點之所以貌似成理，是因為它把國家的福祉（而非毒
癮者的福祉）視為一個有意義的概念。但即使順著這套邏輯，說
服力還是不足，理由是：這個論點乃是基於「將GNP等同於經濟
福祉」，而這個等式是錯的。例如，無論實際上是否為真，GNP

仍將所有的政府支出視為對於國家福祉的貢獻。GNP 未將家庭主婦操持之家務列入考量。更甚者，GNP 完全誤解了休閒（leisure）的經濟地位。任何對於經濟福祉所進行的評估，均必須賦予休閒某些價值，但 GNP 卻沒有。比方說，如果有某項新發明，可以使人們的實質財貨和勞務的產出倍增的話，那麼全天候採用此項新發明，則 GNP 理應隨之倍增。但如果人們**選擇**讓該項發明僅用於維持其生活水準，而將每日工時減半的話，那麼，GNP 數字應該不變才對。

如果是因為海洛英毒癮導致休閒時間增加，固然會造成 GNP 數字下跌，那麼無論**基於何種理由**所促使的休閒時間拉長，都會產生相同的效應。因此，如果我們基於這個理由反對毒癮，我們也必須反對愉快的假期、富於想像力的沉思以及林間的漫步。這張「限定活動」的清單可能會無窮無盡。藉由延長休閒時間以善用積累的財富，這個選擇本身一點也沒錯。如果 GNP 因而下降，那麼這樣的 GNP 也好不到哪裏去。

最後，有關毒癮必然會導致經濟活動減少的說法，無論如何也無法清楚斷定。我們所熟知的吸毒者行為，絕大部分都是源於針對以下這些人所進行的研究：亦即那些因為法律禁令導致海洛英價格飛漲，因而必須辛苦籌措大筆金錢的人。由於絕大部分時間都花在行竊、謀殺和賣淫，因此，他們無法從事傳統的工作。而既然我們鎖定在毒癮的個人問題而非社會問題，那麼從這些人身上所取得的證據，根本就和本討論無關。為了研究那些不因法

律禁令而變得毫無生產力的吸毒者的行為，我們必須轉而探討那些極少數幸運的毒癮者，他們因為好運氣，而能夠保有穩定的、低成本的海洛英貨源。

這群人主要是由醫師所組成，他們可以利用開立處方的權力，確保自己享有穩定的貨源。這一小批樣本所提供的有限證據說明：有幸規避海洛英禁令的毒癮者，都能過著頗為正常且有生產力的生活。有毒癮的醫師也能夠和其他醫師一樣，提供適切的醫療服務。各方跡象均顯示，他們不但能夠追上專業領域的最新發展，維持適當的醫病關係，並且從所有相關面向看來，他們在功能運作上也完全無異於其他醫師。

不消說，假使海洛英合法，毒癮者還是會出現與毒品相關的個人問題。人們可能會害怕禁令「死而復生」，以及長期吸毒所導致行為能力的喪失（incapacitation）。雖然海洛英的合法化將使得用藥過量的危險降低，但並未就此根除，因為這項藥物可能會受控於醫師的監督。老舊藥禁態度的遺毒很可能會繼續存在，並且以歧視毒癮者的形式表露無疑。

然而，在此應該要強調的重點，並非「即使毒品合法化，毒癮者還是會產生毒品相關問題」。特殊問題總是伴隨著特殊利益而發生；小提琴演奏家總害怕傷到手指，芭蕾舞者則是禁不起足尖受傷。海洛英毒癮本身就不是什麼罪惡。如果合法化，除了吸毒者本身之外，絕不可能傷害任何人。雖然有人可能會想要大聲疾呼、教育和宣導反毒，但禁毒顯然違反了想要吸毒者的權利。

Part 3 | 言論自由

Free Speech

敲詐者
The Blackmailer

「敲詐真的不正當嗎？」乍聽之下這個問題並不難回答。我們可能會反問說：「這個問題有什麼好問的？」敲詐者，不就是敲詐別人的人嗎？還有比這更糟的嗎？敲詐者窺視人們隱藏在內心深處的祕密，揚言要將之公諸於世。敲詐者不但榨乾他們的受害者，而且還經常迫使他們走上絕路。

然而我們將會發現：反對敲詐者所持的理由，非但禁不起嚴謹的分析，甚至是基於一連串未經檢驗的陳腐想法，以及深層的哲學上的誤解。

究竟什麼是敲詐？敲詐乃是**提議進行交易**（offer of trade），亦即提議以某種東西（通常是**沉默**）交換其他好處（通常是金錢）。如果所提議的交易被**接受**，那麼敲詐者將保持沉默，被敲詐者則應支付雙方議定的價錢。如果敲詐之提議遭到**拒絕**，則敲詐者可能會行使其言論自由權，將祕密公開。這當中並無不當之處。唯一發生的事情只是：保持沉默的**提議**已經成交了。如果提議遭到拒絕，敲詐者的所作所為也不過是行使了他的言論自由權

而已。

蜚短流長者和敲詐者之間唯一的差異就是，敲詐者將會為了錢而忍住不說話。就某種意義而言，說長道短之人比起敲詐者還要**差勁**許多，因為敲詐者給了被敲詐者一個封住他嘴巴的機會，但愛傳八卦的人卻是在無預警的情況下，揭露他人私密。一個有祕密的人，與其落在八卦者手上，落在敲詐者手上情況不是好多了？碰到八卦者，一切全完了；但碰到敲詐者，則只有好處，或至少不會更糟。如果敲詐者所要求的價錢低於祕密的價值，則祕密的主人將會付錢給敲詐者——比起蜚短流長和祕密被公開這兩件慘事要輕微多了。他還會因此而**賺到**祕密的價值和勒索金額之間的差價。當敲詐者索求的金額高於祕密的價值，他的要求就不會被滿足，而訊息也將會公諸於世。然而，即使在這樣的情境下，被敲詐者的處境並未較原本可能會碰到的惡意八卦者更糟。話雖如此，敲詐者所承受的誹謗多不勝數，至少和說長道短者相比是如此；而說長道短者只會受到一些輕蔑或故作正經的反應而已。

敲詐並不必然是以**沉默**換取**金錢**，這只是它最為人所知的一種形式而已。但是，敲詐可以在未涉及沉默和金錢兩者任一的情況下加以定義。以一般用語定義，敲詐意指：除非某些要求獲得滿足，否則便威脅要去做（本質上並不違法的）某件事或任何事。

許多在公領域的行動都足以被稱之為敲詐，但卻未遭非議，

「T先生，這是我的孩子。從現在起他會開始敲詐你——
我要退休回佛羅里達去了。」

反而通常還會達到一個受尊敬的地位。例如，近來的萵苣杯葛行動（lettuce boycott）就是某種形式的敲詐。經由萵苣杯葛（或任何杯葛），果菜零售商和批發商都**受到威脅**。杯葛者聲稱，如果他們經銷非工會（non-union）生產的萵苣，人們將發起不去光顧他們的店面。此舉完全符合前述定義：威脅他人除非特定需求被滿足，否則將會發生某事（本質上並未違法）。

但是，牽扯在敲詐裏頭的**威脅**又該當何論？這或許是敲詐行為中最為人所誤解和懼怕的一面。乍看之下，人們大概都會認同「威脅是不道德的」。例如，耳熟能詳的反攻擊名言說：不只要反對攻擊行為**本身**，也反對**揚言要發動攻擊的威脅**。如果一名攔路搶劫的大盜向一名旅人走去，通常光是攻擊的脅迫感，就能迫使旅人百依百順。

試想威脅的本質。當用以威脅的事物是攻擊性暴力，那麼威脅就應受譴責。沒有任何人有權利對另一個人發動攻擊性暴力。然而，在敲詐行為中，被拿來作為「威脅他人的事物」是敲詐者有權去做的事情！——無論是行使言論自由權，或是拒絕光顧某些商店，抑或說服他人採取相同做法。被拿來構成威脅的事物本身並沒有違法；因此也就不可能將這樣的「威脅」稱之為「**非法威脅**」。

唯有當敲詐者和被敲詐者之間，存在著一種特殊的背誓（forsworn）關係時，敲詐行為才是不合法的。一名心懷祕密者可能**以要求對方保密為條件**，而向律師或私家偵探吐露祕密。如果

該名律師或私家偵探意圖敲詐祕密的持有人，那就是違反雙方契約，**因而**構成違法情事。然而，如果一名陌生人是在沒有契約明訂之法律義務下而握有祕密，那麼他提議「販售」其緘默的行為，就是合法的。

敲詐不但是一項合法行動，還具備某些益處，儘管指出敲詐害處的例證不勝枚舉。除了有部分是被設計陷害的無辜受害者之外，敲詐者通常還會勒索哪些對象？大體而言是針對以下這兩種團體。其一是由罪犯組成的犯罪集團，包括：兇殺犯、竊賊、詐騙者、貪污者、騙子、強暴犯等等。另一個團體則是，其中成員所從事的活動本身雖未違法，但卻違背了社會上多數人所認可的公序良俗和習慣，包括：同性戀者、施虐與受虐狂（sado-masochist）、性倒錯者（sexual pervert）、共產主義者及通姦者等等。敲詐行為的制度化（institution of blackmail），對於前述任何一個團體，均具有有益、但互不相同的影響。

以犯罪集團為例，「敲詐」和「威脅要敲詐」有遏止犯罪的作用，增加了犯罪活動的風險。在警方所接獲的匿名「線報」當中——這些情報的價值不容低估——有多少正是直接或間接溯及敲詐？又有多少罪犯是因為害怕可能遭到敲詐，因而在需要團隊合作的「犯行」時，捨棄了同夥的支援，改採單獨行事呢？最後，對於那些有犯罪之虞，或是（經濟學家可能會說的）身處「犯罪邊緣」（margin of criminality）的人而言，即使是最微不足道的因素，都可能會促使他們犯罪。但在某些情況下，這股額外

的對於敲詐的恐懼感，很可能會阻撓他們犯罪。

如果敲詐本身被合法化，它勢必可以成為更具效力的犯罪遏止工具。無疑地，合法化將導致敲詐行為大增，因為對於犯罪集團的劫掠將應運而生。

也許有人會說，能夠降低犯罪率的並非加諸於罪行上的刑罰，而是「法網恢恢、疏而不漏」的必然性。雖然這項爭議的興起，與近來針對死刑的辯論大有關係，但已足以指出，敲詐行為制度化是**兩種功能兼具**。它不但迫使罪犯將部分贓物與敲詐者共享，因而提高了與犯罪行為的相關刑罰；同時也提升罪犯落網的機率，因為敲詐者可能加入警方、平民、社區保安團體（vigilante group）以及其他打擊犯罪陣營。敲詐者在犯罪世界中通常佔有一席之地，因此位居防範犯罪的有利位置。他們做為犯罪集團「自己人」的身分，往往比間諜或臥底者更有分量。敲詐合法化後，打擊犯罪陣營便可同時運用遏止犯罪的兩句基本名言：「促成分裂、各個擊破」（divide and conquer）以及「竊賊無信譽」（lack of honor among thieves）。很清楚的是，敲詐合法化的一個重大作用就是降低犯罪，而且是真正的犯罪。

敲詐合法化，對於不涉及攻擊、但有違社會整體善良風俗的行為也大有幫助。就這些行為而言，敲詐的合法化將具有解放效果。即使在敲詐依然被視為非法的時候，我們還是目睹了敲詐的某些益處。例如，在某些情況下，若嚴格依法律條文來看，同性戀乃是違法行為，但並非真正的犯罪行為，因為同性戀並未涉及

攻擊行為。對於個別的同性戀者而言，敲詐導致重大傷害的頻率非常之高，因而幾乎無法視為有所助益。但是對於同志社群整體而言，亦即，**對於身為社群一員的每一名個別同志而言**，敲詐便有助於讓大眾更加意識到、也更為習慣同性戀的存在。迫使一個在社會上受打壓團體的成員面對公眾或是「出櫃」，當然無法視之為有所助益；這種強迫的手段，也違反了個體的權利。但儘管如此，這類的強迫確實引發團體的部分成員，意識到彼此的存在。在強迫灌輸這種認知方面，敲詐或許真的有一小部分的功勞，因為它解放了以下這些人：他們唯一的罪名就是，以一種沒有犯罪（noncriminal）的方式偏離了社會規範。

　　在反思「真相將使你自由」（the truth shall make you free）這句古老箴言時，敲詐者唯一可支配的「武器」，就是真相。在利用真相做為威脅的後援時（偶爾他不得不這麼做），敲詐者釋放了真相──常常是在無意圖的情況下──讓它得以發揮其能力去做一些事，無論是好是壞。

詆毀者與誹謗者
The Slanderer and Libeler

當言論自由套用在為人們所認同的權利時，成為其擁護者是很容易的。但是，當涉及具爭議性言論時，倡議言論自由便會面臨嚴酷考驗，因為在我們眼裏，這些言論很可能是很惡毒和下流的，而且或許實際上**是**非常邪惡和下流的。

如今，最令人反感或惡毒的莫過於誹謗（libel）。因此，我們必須格外悉心捍衛誹謗者的言論自由權，因為，如果連他們都能受到保護，那麼其他人——相較之下較少冒犯他人者——勢必可以更為安全。但是，如果誹謗者和詆毀者（slanderer）的言論自由權未能受保護，那麼其他人的權利，勢必更為不保。

公民自由支持者（civil libertarian）之所以一直沒能設法保護誹謗者和詆毀者，箇中緣由顯而易見——誹謗有礙名聲。因遭人惡意中傷而失去工作、朋友等情形屢見不鮮。公民自由支持者一點也不關心誹謗者和詆毀者的言論自由權，他們向來只關心要保護那些名聲遭破壞的人，彷彿破壞他人名譽在本質上乃不可饒恕之事。但顯然地，「保護人們的名譽」並非一種絕對的價值。如

果確是如此，亦即，如果名譽當真神聖不可侵犯，那麼我們就必須禁止絕大多數毀損他人名譽的言論，即便其內容千真萬確。以此類推，令人不悅的文學批評，以及電影、戲劇、音樂或書評裏的諷刺手法，都不應允許。凡是會減損任何個人或任何機構聲望的言論，均須全面加以禁止。

公民自由支持者當然會否認他們是出於對詆毀和誹謗的反感，而抱持前述看法。他們雖然承認，個人名聲無法永遠受到保護，有時甚至必須有所犧牲，但他們可能會說，這並不代表誹謗者無罪。因為個人聲譽不容輕忽。沒有正當理由，是不可以破壞他人名譽的。

但是，一個人的「名譽」是什麼？這個不能被「輕率對待」的東西究竟是什麼？顯然地，它不像衣服一樣可以被說成是屬於個人的財產。事實上，一個人的名聲完全不「屬於」個人。一個人的名聲是旁人對他的評價；它是由**其他人**的想法**所構成**。

一個人所**擁有**的名聲絕不會多於**旁人**對他的想法——因為他的名聲正是源於其他人的想法。一個人遭竊取的名聲，也絕對不會多於他身上可遭竊取的**旁人**想法。不論他的名聲是經由正當或不當手段、經由真相或謊言而遭到「毀損」，由於他從一開始就並未擁有它，因而應該無法循法律途徑去解決其名譽受損。

既然如此，那麼，當我們反對或禁止誹謗時，到底是在做什麼？我們其實是在禁止某人影響、或試圖影響**其他人的想法**。但是，如果言論自由不是讓我們自由地嘗試去影響周遭人士的想

「這可是惡意中傷，你這個造謠者！等著我的律師跟你聯絡吧——
我可是花了好幾年的時間，才建立起我這家餐廳的信譽！」

法，那麼言論自由權的意涵究竟為何？所以，我們必須就此推斷，誹謗和詆毀完全符合言論自由權。

最後（儘管這可能非常弔詭），如果沒有禁止誹謗性言論的法律，個人聲譽或許會更有保障！由於現行法律禁止不實誹謗，因此人們自然而然會傾向於**相信**任何對於某人人格的公然抹黑。「如果不是真的，怎麼會被報導出來」，容易受騙的大眾往往做如是想。然而，如果我們允許誹謗和詆毀，那麼民眾就不會如此輕易受矇騙。由於攻訐將大量且迅速地湧現，所以它們必須在造成任何衝擊之前，先找到**事實的根據**。類似「消費者協會」（Consumer Union）或商業促進局（Better Business Bureau）等機構，可能就會被籌組起來以滿足公眾對於「正確的粗鄙資訊」的需求。

反對學術自由者
The Denier of Academic Freedom

　　學術自由所獲得的假慈悲，或許遠比其他任何議題要多得多。相較於任何其他吸引學界注意的主題，學者們在學術自由上也許更為辯才無礙。在某些人眼裏，它似乎等同於西方文明的根基！「美國民間自由聯盟」（American Civil Liberties Union）幾乎每天都會針對某些真正、或是他們想像中違反學術自由的議題，慨然發表言論。而這一切，若和專業學者與教師工會的怒吼相比，又相形見絀。

　　顧名思義，學術自由似乎再怎麼樣也不會有害處。的確，就像其他人一樣，「學者們」應該享有自由──言論自由、旅行自由、接受或離開一份工作的自由──即，每一個人所享有的平凡的自由。但是，那並不是「學術自由」這個詞所代表的意義。相反地，它具有一個非常特殊的意義──學者們可以隨心所欲，透過任何形式傳授教材，儘管其雇主心中可能抱持著恰恰相反的期望。因此，無論該名教師的教學是如何惹雇主不悅，只要他確實有傳授教材，「學術自由」便會禁止雇主開除該名教師。

現在看來，這實在是一個非常特別且驚人的教條（doctrine）。試想，如果我們把這套說法運用到任何其他行業——如環境清潔工或水電工，將會發生什麼情形。「水電工自由」（plumber's freedom）將會包含以該名工人認為最恰當的方式來安裝管線設備的權利。萬一顧客所期望的施工方式，迥異於水電工的專業判斷呢？即使沒有「水電工自由」這項教條，水電工當然還是享有拒絕這份工作的自由。但是，在「水電工自由」的教條之下，他就無須回絕這份工作。因為他將有權接下這份工作，並且**照自己的方式施工**。他將有權表明以他的觀點為準，顧客無權打發他走。

「計程車司機自由」將保障駕駛人有權決定將車子開往任何他們自己想去的地方，無論付錢的顧客想被載往何方。「服務生自由」將賦予侍者決定你要吃什麼的權利。為什麼水電工、服務生和計程車司機就不該享有「職業自由」（vocational freedom）？為什麼這項自由應保留給學者？

基本上，一般認為存在於上述職業和學者之間的差異是：學者**需要**自由探索、無拘無束的發言權利，以及追求思想的權利，不論這些思想將導引學者往哪裏去。這樣的主張和殊異當然是由學者所提出。這個論點除了流露出令人厭惡的菁英姿態之外，還遺漏了一個與前述問題無關的重點，亦即，智識活動（intellectual activity）的內涵為何？這種「職業自由」的不當之處在於，它只基於純粹的形式主義要求來倡議員工對於工作所享有的**權利**，但卻**無視於顧客和雇主的希冀與渴望**。

「蘭德（Rand）教授，請務必了解，我們不是在質疑你的學術自由。我們只是感到好奇而已。可否請你幫個忙，跟我們稍微解釋一下你這門『約翰・韋恩，北大西洋公約組織之父』（John Wayne, Father of NATO）的課程。」

如果採納了菁英論點，主張「和智識相關」的職業必須賦予不適用於其他職業的自由，那麼其他夠資格稱為「與智識相關」的職業又該當如何？醫生可享有「醫療自由」嗎？律師可享有「法律自由」嗎？藝術家可享有「藝術自由」嗎？「醫療自由」可能會賦予醫師動手術的權利，不管病人同意與否。這項權利會讓病人無法開除那些未經他們允許逕自動手術的醫師嗎？「藝術自由」會讓藝術家有權對那些既乏人問津、又無人賞識的藝術品索價嗎？考量一下「學術自由」的運作方式，則這些問題勢必都會獲得肯定的答案。一想到這些自由有可能會被賦予化學家、律師或政治人物，人們將會感到不寒而慄。

「學術自由」這個問題真正具有爭議之處在於，個人是否有權自由地和他人訂定契約。學術自由的教條否認了契約的神聖性。這種情勢根本不利於雇主，而凍結在有利於學者的狀態。對比於其他制度，學術自由本身的限制、保護主義和促成階級制度（caste system）的形成，簡直像極了中世紀的基爾特制度（guild system）。

截至目前，雖未明說，但學校和大學向來被假定為私人所擁有。綜上所述的論點便是，學術自由侵犯了這些財產所有人的權利。

但是實際上，全美境內幾乎所有的學習機構都是由政府所控管，亦即，它們是竊得的財產（stolen property）。因此，學術自由將可基於如下理由加以捍衛，亦即，學術自由也許是從統治階

級或權力菁英手中，奪取（至少一部分）教育制度控制權的唯一
手段。[1] 假定這項主張真實無誤，那麼，看在上述論點的份上，學
術自由可說得到了強有力的護衛。

依照這個觀點，受到學術自由種種主張所矇騙者，就不是天
真單純的學生—消費者（student-consumer）；因為當前被迫繼續
聘用教學服務不符期望的學者的，並非天真無邪的學生—消費
者。被迫的反倒是**不天真單純的**統治階級。如果統治階級理論是
正確的，立場傾向於統治階級的學者，將不會從學術自由得到任
何利益。他們無論怎樣，都可以保住自己的飯碗。因此，學術自
由的唯一受益者，便是和統治階級抱持不同觀點的學者。他們之
所以能夠從中得利，是因為學術自由使得**統治階級**無法基於意識
型態或其他非形式主義（nonformalistic）的理由將他開除。

學術自由本身，或可被視為欺騙與盜竊，因為它否定了個人
自由且自願簽訂契約的權利。但是，這樣一個「不良」的工具也
可以用於好的目的，這點應該不令人感到意外。

1　參見：*The Higher Circles*, by G. William Domhoff, Random House, 1970.

廣告商
The Advertiser

　　廣告業長久以來招致「惡評」。反對它的理由不但詳盡,似乎還頗具說服力。論者以為,廣告誘惑人心,迫使人們買下原本無意添購的產品。廣告抓準人們的恐懼感和心理弱點;藉由美女和商品的「並置」騙人上鉤,暗示消費者:漂亮女人將會成為交易的一部分。廣告的內容、配樂和台詞,全都很蠢。廣告簡直是侮辱我們的智慧。

　　然而,這個論點還比不上一個訴諸我們自私天性的說法──亦即,廣告太貴了。買下電視台黃金時段的一分鐘,或是在流行雜誌或報紙刊登全頁廣告,可能得花成千上萬美元。整個廣告工業就是一個由數十億美元堆砌起來的產業。有人宣稱,如果禁絕廣告,這些錢就可以統統省下來改善產品本身,或降低售價。廣告業可由某個政府部門取而代之,負責提出客觀的產品說明和等級評價。如此一來,性感迷人、但有誤導之嫌的廣告詞將不復見;相反地,產品說明或許還可以用等級來概述,區分為「優等」、「甲等」等。無論如何,毫無生產力、如寄生蟲一般的廣告

商，將無以為繼。

這種對於廣告業的看法儘管大錯特錯，但並非史無前例。事實上，意圖證明某項或另一項產業有如寄生蟲、而且毫無生產力的論述，可說洋洋灑灑，因此，對於廣告業的看法只是最近的一個例子而已。法國十八世紀中期有一派經濟思想——重農主義者（physiocrat）——便認為，除了農業、漁業和狩獵之外，所有的產業全都是浪費。他們辯稱，凡是與土壤無關者，都是不事生產的活動，而且還仰賴和寄生於「以土壤為基礎的產業」。其他經濟學家則是在財貨（goods）和勞務（services）之間進行區分，前者被視為富於生產力，後者則否。還有一些經濟學家主張：所有財貨都是有生產力的，但只有部分勞務如此。例如，金融中介、仲介、銀行業務和投機買賣向來就不被認為具有任何價值。如今，我們很容易就能看出這些理論的限制。因為，一項財貨不需要直接源自於土壤才能被稱作是有生產力的；而一項勞務，諸如醫療照護，也不需要「具有實體」（tangible）才叫做是有生產力的。我們知道，仲介業者能以相較於人們獨立作業時還要低廉的成本，促成人們達成交易。我們也知道，推銷「非實體」產品的保險業者，可以讓個人或企業無法或無力負擔保費時，採集體投保（pooling）方式，而使風險降低。但是，即便是在這個高度發展的時代裏，廣告業仍被泛稱為「寄生蟲」。

這樣的說法能有多大的說服力？首先，情況看來再清楚不過：廣告並沒有引誘或強迫人們購買他們不想買的產品。廣告只

是試圖說服人們──也許所使用的方式不為社會大眾所認可,但是它並沒有、也不可能**強迫**人們。(詐騙性質的廣告在邏輯上等同於偷竊,和廣告本身不可混為一談。如果賣方所廣告的產品是小麥,但供應的卻是石頭,那麼他實際上是竊取了「小麥」的金錢價值。)

潛意識廣告(subliminal advertising)如果真有其事,則應該被視為是強制性的。但是,在分清楚強制(coercion)和說服(persuasion)的差異之前,並不能說一般性質的廣告就是強制性的。

其次,廣告的確包含了資訊性內容。關於這點,就連極力貶抑廣告的人都不得不承認,儘管他們認為政府在這方面或許可以做得更好。但是,政府在廣告界的所作所為,其實也是廣告,因為那就是政府廣告。政府發行(government issued)的廣告和民間自製的廣告之間,如果有任何區別的話,那就是前者引發了更多棘手的問題。一般廣告常必須藉由取悅消費者來獲取利潤,但政府廣告卻不受此限,因此,常常廣告效果不大。美國戰時公債(War Bonds)或是軍方的徵兵廣告,只是其中兩個顯著的例子而已。

再者,廣告在協助新公司、進而鼓勵競爭方面的重要性,不應被低估。如果廣告被禁止,那麼建制完全的大公司將在市場上佔據強大優勢。即使廣告沒被禁止,老公司壟斷特定產業的可能性,也比新公司來得大。因此,藉由賦予新企業足以和老公司相匹敵的競爭優勢,廣告可說是降低了壟斷的可能性。

最後，如果不是全部，也有絕大部分違反社群智識和善良風俗標準的廣告，可追溯或歸咎於政府在其他領域所訂定的政策。例如，政府[1] 不允許航空公司在一些小地方互相競爭。航空業者的廣告不斷以及早定位特惠專案、新裝潢、走道旁座位的數目、飛機以女空服員名字命名等「新聞」，向我們進行疲勞轟炸（「我是瑪麗蓓絲；隨我飛向邁阿密」）。如果航空公司享有價格競爭的自由，乘客或許能免受航空公司一再重覆這些不重要的虛飾。

同樣的情形也發生在銀行業。銀行所能支付存款人的利率高低，是有所限制的（撰寫此文時，活期存款為零利率；定存利率則介於5.5%至7.5%之間）。因此，它們彼此競爭的手段，就是看誰能提供最好的廚具或收音機等贈品，以吸引新存款戶。（請注意，因為銀行可以依市場的接受度來收取貸款利率，因此，它們不太需要花錢做廣告以說服人們向它們**借錢**）。像是這類型的廣告，真正該被責難的不應是廣告業，而是政府。

綜觀上述四個論點，便成了反駁批評者的有力辯詞。不過，這些論據並未碰觸到問題的核心，因為它們忽略了評論者所犯下最主要的謬誤——亦即假定誘導性廣告和資訊性廣告兩者之間，事實上是有差異的。從各個角度來看，誘導性廣告是「不好的」，而資訊性廣告是「好的」。然而，提供資訊給人們和激發人

---

[1] 也有的觀點是認為：為了公眾利益而管制企業行為、施加各種限制的並非政府，而是企業為了阻撓新加入者的競爭所為。參見：*Triumph of Conservatism* by Gabriel Kolko, Quadrangle, 1967.

SCMATZ DRAFT BEER

WARNING: THE SECRETARY OF THE INTERIOR HAS DETERMINED THAT THE ABOVE IS A MIRAGE AND IS DANGEROUS TO YOUR MENTAL HEALTH.

們的購買欲之間，實際上是緊密地結合在一起，區分兩者幾乎毫無意義。

比較正確的觀點應該是，有些例子明明就不是**別人**試圖傳遞資訊和誘因給**我們**，而是**我們**試著傳遞資訊和誘因給**他人**。例如，**我們**絕大多數都有為了爭取某個新職位而接受面試的經驗。我們是如何做準備的呢？一開始，我們會先撰寫自我介紹的廣告手冊。（這份文件，有時會被某些人——想模糊、並遮掩我們每個人骨子裏都是「廣告商」這個事實的人——稱為「履歷表」。）在這本廣告手冊裏，我們把實際狀況或工作經驗描述得和這個應徵職務有關聯性。而且，依照輝煌的廣告傳統，我們試圖讓這些手冊裏的資料，盡可能地吸引人。我們雇用專業打字員協助我們「誘使」雇主錄用我們，並且使用上好的紙張列印廣告手冊，期盼面試者「留下深刻印象」——我們的所作所為其實就像是一個好的廣告商所做的事情。

嚴格來說，我們只是在廣告手冊裏提供資訊。表面上看，這雖然「只是」資訊性廣告，但是不管我們願不願意承認，這種以有利於自己的方式來呈現資訊的企圖，就已經把我們納入誘導性廣告的範疇裏了。

在面試的過程中，我們不斷地做廣告。我們竭盡所能地「包

〔前頁圖文〕
「SCMATZ 生啤酒」
「警告：內政部長裁定，上述畫面純屬幻象，有害心理健康。」

裝」自己。即使我們不太可能每天都這麼做,但在找工作面試的時候,我們總會特別留心妝點自己。

即便是沒在找工作的時候,我們還是在自我推銷,不斷表現出自己最好的一面。甚至在下意識裏,我們也試圖把自己包裝得很完美。打從襁褓時期,父母就忙著為我們打廣告,或是為了未來便於推銷我們而拼命打基礎。否則我們怎麼解釋那些芭蕾舞、小提琴和鋼琴課,而去做牙齒矯正或是皮膚科,又是為了什麼?

不斷告誡孩子有關正確姿勢和良好飲食習慣(「快吃喔,歐洲的小孩都在餓肚子,而你卻不吃」)的「猶太媽媽」,堪稱廣告業的無名女英雄。至於猶太媽媽誇耀自己小孩的行為,正是不折不扣的廣告。

長大以後,我們仍然延續著廣告的優良傳統。我們穿著可以修飾身型的衣服。我們減肥,或者說試著減肥。我們花在受教育、心理治療、做頭髮和買衣服的錢,至少有一部分應被視為廣告費用。接著我們添購汽車和房子、從事休閒娛樂,這當中又有絕大部分是為我們自己做廣告用的。順帶一提,諸如婦女和黑人等受歧視族群花較多錢(占收入一定比例)在衣服、汽車等奢侈品上的現象,便可用廣告行為來解釋。[2] 他們自認必須投注更高的廣告費以對抗歧視。其他人則不需要斥資做廣告,因為他們已經夠時髦了。

2　這個論點,加州大學洛杉磯分校經濟系教授 Benjamin Klein 曾經提過。

　　即使是批評廣告不遺餘力的左翼激進分子，也和廣告脫離不了關係。（這點應該不令人意外，因為我們在定義廣告時，是以適當但寬鬆的角度，認為廣告是有創意和有趣的包裝）。通常，左翼激進分子在宣揚其主張時，一開始張貼在布告牌的訊息字體都很小、很工整，印刷的形式也很類似。但一段時間過後，為了吸引注意力，某些訊息就會以不同的顏色呈現，標語牌也會有大小不同的尺寸。最後，為爭取人們的目光，採用的標語牌會愈來愈大，訊息內容則是以粗體字、彩色字和插圖來呈現。在試圖傳播資訊的過程中，他們「猶如被一隻看不見的手」牽引著，轉而從事誘導性廣告。激進分子之所以會在牆上或建築物外觀以斗大的紅字寫著「趕走豬玀」（OFF THE PIG）或「去你媽的國家」（FUCK THE STATE）等字眼，並不只是渴望震驚社會。他們同時也渴望藉此傳達革命訊息，先吸引人們的注意力再說。然而，儘管訊息背後或許代表著極其豐富的資訊，但如果人們看了這些標語，根本接收不到任何訊息，反倒可能會被說成是典型的肥皂劇廣告。

　　任何演講者只要曾經應邀發表極可能讓聽眾睡成一片的演說，一定能體會區分「傳遞訊息」和「包裝演說內容」的困難。毫無疑問，我們大概想像不出有任何一堂課或演講可以比經濟學更無聊的了。講者或老師大抵會預作一些安排，諸如保持目光接觸、講笑話，或是提出一些不需要回答的反詰問句。這些都是眾所皆知的公開演說技巧。然而更精確的用詞應該是「廣告技巧」

——把產品包裝好、讓它看起來有趣、凸顯演說的精彩部分、內容要有重點、吸引聽眾的注意力。這些廣告技巧和演說主題的關係，就好比騎腳踏車和可口可樂有關；低沈沙啞、性感的女聲和刮鬍膏有關；或是「超過一瓶啤酒的男人們」（the more than one beer men）的運動賽事和啤酒有關。這些全都不是重點。重點在於，一個人如果想要傳遞資訊——即使是面對動機十足的人，像是為獲得好成績而必須在經濟學課堂上保持清醒的學生——就必須使用一些廣告技巧。如果連在應付動機很強的人的時候，使用廣告技巧都很重要的話，那麼試想：當你的「聽眾」動機沒有那麼強的時候，為資訊「做廣告」將是何等重要之事。比起演講者所運用的廣告技巧，電視廣告就算沒有較前者更為討喜，至少也應該是半斤八兩，畢竟兩者都是試圖讓資訊更為有趣和吸引人，來傳遞資訊。但是，電視廣告還有額外的負擔，那就是必須讓觀眾不被冰箱所吸引。如果，所有嚴格來說不具資訊性質的內容都被禁止的話，那麼講者和教師意圖讓演講或授課內容變得有趣都不行。他們不准講笑話、和聽眾四目交接或是討論問題，因為這些技巧遠遠超出了嚴格限定的訊息傳遞。就像是電視廣告花招一樣，這些技巧都是企圖「攔截觀眾的注意力」。

　　我們**有可能**在允許資訊性廣告的同時，又禁止誘導性廣告嗎？不，資訊呈現的方式固然有好有壞（亦即，有可能壞到讓觀眾覺得無聊和轉移注意力；抑或好到足以吸引和娛樂觀眾），但是一定得經由**某種**方式來「包裝」或「呈現」。例如，試想有人

發明了一張魔毯,而且決定將有關魔毯的訊息發布出去(飛行速度、航行範圍、維修成本,以及不使用時該如何將它捲起來儲存等等),然而這樣的呈現方式純粹就是資訊性而已。任何即便只是稍微暗示有關魔毯「促銷活動」的事情,都要被禁止。在這樣的情況下,這項資訊就無法交由一名英俊、強勢且自信的正規電視播報員來介紹,因為他的個人特質可能會有促銷魔毯之嫌。此外,傳遞訊息時也不能搭襯背景音樂,這麼做很可能會顯得蠱惑人心。這張魔毯絕不能以「飛行中」的形式呈現,亦即,不可以讓一名性感女子坐在魔毯上。我們不能甘冒愚弄人的風險,讓人們誤以為如果買了魔毯,就可能在真實生活中也擁有那誘惑人心的音樂或女子。

如果不能用專業播報員,那麼可以請非專業人士,或是就從街上隨便找個普通人嗎?答案是不能。雖然某些粗製濫造的廣告公司已藉由「路人」所提供的證言而大獲成功,但這樣的做法卻隱含了**誘導性**。

如果資訊不能用說的,那可以印出來嗎?但是該用哪一種字體呢?絕對不會是那種會導致人們感到「恐怖」的字體!**購買這張飛毯**。最好使用幾乎讓人看不懂的字體,如此一來,人們便很難唸出來。否則,如果價錢夠低,許多人將會被誘入歧途,從事購買行為。整則訊息必須刻意以劣質方式加以呈現,這樣才不致於吸引任何人注意到該則訊息。

顯然地,我們絕對無法分隔「包裝」和包裝裏面的內容;也

無法呈現出「純淨的」資訊。認為資訊的呈現可以不帶任何誘惑在裏面的人，簡直愚蠢至極。

　　主張廣告會增加產品成本的反對意見，其實是一種還沒徹底想清楚的異議。批評者會為了包裝或運送產品將導致成本提高而加以反對嗎？大概不會。因為大家都能了解：如果產品要賣給消費者，勢必會引發額外的成本。但是，廣告的情況也是這樣！假設前述魔毯的製造成本為九百五十元，包裝費十元，運費四十元。如果顧客想要享受包裝和送貨服務，他們就必須支付一千塊錢。但是他們也可以選擇以九百六十塊帶回包裝好的毯子；以九百五十塊帶回沒有包裝的魔毯；或是支付九百九十元，請店家把未經包裝的毯子送到府上。

　　廣告成本也是同樣的道理。如果宣傳這張魔毯的成本為一百塊錢，消費者有權選擇以一千一百元購買一個有打廣告的品牌，或是以一千元買回一個沒做廣告的品牌（理論上，如果肯花時間，應該找得到）。如果有為數眾多的消費者願意尋訪不打廣告的品牌或商店，製造商自然不會笨到去登廣告。然而，某些消費者對於以較低的價格選購不做廣告的品牌，可能沒那麼積極，也沒那麼多力氣這麼做。這就給了製造商刊登廣告的誘因，而廣告成本當然也會加進售價。因此，認為廣告會增加產品成本的說法，當然完全正確。但是，為了把產品帶給消費者，所以無可避免地必須刊登廣告，也是有道理。如果有些人不願購買未經包裝、沒有送貨服務的魔毯，而**願意購買包裝好、送貨到府的毯**

子，那麼我們可以說包裝成本和送貨成本**沒必要**加進成本裏嗎？當然不能。同樣地，廣告費用也並非**沒必要**被計入產品成本。

「廣告限量局」這個官方單位又是怎麼回事？由於外界所宣稱的市場「不完美」，而賦予政府又一項任務之前，先試著想想看政府迄今的不良紀錄。由（有「消費者運動之父」之稱）拉夫・奈德（Ralph Nader）及其同事所挖掘出來的貪污腐敗行為，應該可以讓我們停下來想一想。一個接一個成立的管制單位——從國際商會（ICC）和民航局（CAB），乃至於聯邦貿易委員會（FTC）、聯邦動力委員會（FPC）和其他局處——均已顯示出，政府之所以管制產業，並非為消費者謀福利，反倒是有利於產業對抗消費者。而這樣的現象並非偶然，背後是有理由的。

我們每個人都是成千上萬個品項（item）的購買者，但單一品項的生產者卻有很多。因此，就影響國家通過管制性法規的能力來說，生產者的力量自然比消費者更為集中。順著這股影響力，政府單位在進行管制時，往往偏袒生產這一方，而非消費大眾。事實上，政府的管制單位經常都是由管制單位監控範圍內的特定產業所成立。米爾頓・傅利曼（Milton Friedman）在《資本主義與自由》（*Capitalism and Freedom*）[3] 一書第九章〈職業特許〉（Occupational Licensure）中精闢地指出：官方評等機構（rating agency）在醫界的惡行劣跡。我們沒理由假設廣告界的評等單位

---

[3] Friedman, Milton, *Capitalism and Freedom*, University of Chicago Press, 1962.

會和醫界不同。相反地,如果說呼籲政府管制「公正客觀」和「資訊性」廣告的要求,是由規模較大、成立已久的廣告公司所發起,大概也不令人意外,因為那些大企業希望藉此壓制來自小公司和新進者日益滋長的競爭。

但是,反對政府插手管制廣告最有力的論點,並非指出政府迄今紀錄不良的證據,雖然這個做法已經頗具說服力。最強而有力的論點是從邏輯推論而來。想要政府管制的那些人所抱持的理由,有自相矛盾之處。他們一方面聲稱美國人笨到無可救藥,需要被保護,因為如果放任不管,他們將會成為受害者。例如,美國人會受到愚弄,誤以為如果他們使用了某種品牌的刮鬍潤膚乳液(aftershave lotion),他們最後就能和廣告中的女郎在一起。但另一方面,這個論點又假定:這些蠢蛋聰明到有能力去挑選出能夠管制這些性感美女的政治領袖。這樣的矛盾簡直令人無法忍受。

無論如何,如果一般大眾亟欲取得有關消費性產品的「客觀公正」訊息,他們可以利用一些公司和組織所提供的服務,諸如《消費者報告》(*Consumer Reports*)、《好家管》(*Good Housekeeping*)、商業促進局(Better Business Bureau)、商業性測試實驗室和其他民營企業認證單位等。自由市場非常有彈性且靈活,也能提供這種服務。(但是,無法區隔誘導性和資訊性廣告的問題依然存在。當《消費者報告》指出「滋力區玉米片」〔Zilch Flakes〕最值得購買時,必定會鼓動人們跳過其他品牌,「只買滋力區」。在提供訊息時,還是會傳遞出任何足以驅使人們購物的誘惑。)

廣告唯有出現在自由市場上，才能夠得到辯護。由政府主導或政府贊助的大型商業廣告（big business advertising），完全不適用這套自由市場辯詞。在此，無論人們選擇購買產品與否，他們都被迫支付這筆廣告費用。當政府做廣告，它用的錢乃是源於人民在非自願的情況下被徵收的稅賦。政府出資拍攝的廣告極具煽動性〔「山姆大叔需要你」（Uncle Sam Wants You）〕，欺騙民心的現象亦非罕見。很奇怪的是，政府的宣傳廣告向來完全不受監督，就連批評廣告最力者也忽略了這一塊。試想，如果是一般的商人從事這種詐騙性廣告，哪怕程度僅及羅斯福（Franklin Roosevelt）、詹森（Lyndon Johnson）或尼克森（Richard Nixon）的百分之一，將引發何等軒然大波。前述三位美國前總統的競選廣告中所提政見都是柔性訴求（peach plank），但最後卻使國家捲入境外戰爭。我們怎麼能夠把懲罰詐騙性廣告的責任，託付給有史以來最擅長於欺騙人心的廣告商——政府呢？

最後，信奉言論自由的人，一定要為廣告辯護——因為廣告正是一種言論自由。無論如何，對於那些言論為我們所支持的人，要捍衛他們的發言權實在再容易不過。但是，如果言論自由還有任何意義的話，那麼，那些不受大眾認可的人，他們的言論自由一定也要被保護。自由人主義者（libertarian）急切地期待「美國公民自由聯盟」（American Civil Liberties Union）能夠挺身捍衛廣告商的言論自由。然而，這個組織竟然在電視禁播香菸廣告時保持緘默。

在擁擠戲院高喊「失火了！」的人
The Person Who Yells "Fire!" in a Crowded Theatre

　　在反對言論自由的論點中，高聲喊叫「失火了！」的人，便是「例證一」（Exhibit A）。即使是爭論著要捍衛公民自由（civil liberty）和言論自由的人，也明白表示：這並不包括在一間擁擠的戲院裏高喊「失火了！」的權利。這可說是言論自由的一個特例，因為在此種情況下，各陣營似乎都同意，言論自由並不比其他權利來得重要。

　　但是，無論基於任何理由，踐踏言論自由都將構成一個危險的先例，而且根本沒有必要。對於高喊「失火了！」的人，當然也沒這個必要，因為戲院觀眾的權利，可以在「無須以法令禁止言論自由」的情況下而受到保護。例如，戲院老闆可以和顧客在契約中明訂不得高喊「失火了！」（當然，戲院確實失火的時侯例外。）這紙契約可以協議的形式呈現，以小號字體寫成相關細則印在電影票背面，或是在整個戲院牆上貼滿海報大肆宣揚，明令禁止任何擾亂演出的行為，以及高喊「失火了」這三個字。但

是，無論禁令是以何種方式呈現，這紙契約將能有效消弭言論自由和其他權利之間假設性的衝突（supposed conflict）。因為，喊出「失火了！」的那個人完全違反了契約，因而可以依約加以處置。這個情況和下列案例幾乎完全相同：某人簽訂了一紙舉辦演唱會的契約，但卻拒絕演唱，反倒發表了一場以經濟學為題的演說。這兩個例子並無關乎言論自由，而是恪遵契約的義務。為什麼要以這樣的方式來看待這紙禁令呢？以下將列舉數個重要的理由。

首先，在消除對公共衛生和安全構成威脅的人事物這方面——諸如高喊「失火了！」的人——市場遠比全面管制的政府禁令更具效力。市場契約制度之所以運作得更有效率，是因為經營戲院的人會在「有效率地防杜突發狀況擾亂觀眾」這件事情上彼此較勁。因此，他們大有理由去降低意外事件的次數和嚴重性。從另一個角度看，政府並沒有任何誘因。當政府未能維持戲院秩序時，沒人會平白無故地損失金錢。

我們可以預期市場比政府更高明的另一個理由是，市場本身較為靈活、有彈性。政府只能制訂一個無所不包的規定，至多有一個或兩個例外。市場則沒有這樣的限制。市場的靈活度和複雜性只會受限於行動者（actor）的創新能力。

其次，規定不得高喊「失火了！」的政府制度——而且是全然地禁止——違反了某個很可能是最受壓迫的弱勢族群的權利：亦即，虐待狂和被虐狂。虐待狂就是很享受那種在擁擠戲院裏高

「喂，小姐，妳不會恰巧知道『火』的西班牙文吧？」

喊「失火了！」，然後看著群眾作鳥獸散，並且發狂似地衝往逃生門的感覺。被虐狂呢？這些人只要想到在一個擁擠戲院內，有人朝他們喊「失火了！」的那種感覺，就會欣喜不已，因為屆時他們就可以帶著瘋狂、但又「愉悅的」心情，隨人群蜂擁至出口。在政府全面禁止的制度之下，就會剝奪了很可能是這些人心中最熱切的渴望——驕傲地走出去的機會。然而，在靈活的市場制度下，只要有需求，就會產生供給。只要喜歡高喊「失火了！」，然後觀看狂亂人潮的虐待狂和被虐狂，有需求未獲滿足，業者就會把握良機，提供所需的服務。

對於「正常人」（straight）來說，上述有關虐待狂和被虐狂的問題，必定是無聊之至。但是，那只是意料中的事情。從來沒有一個統治階級，不是以蔑視和嘲笑的觀點，來看待受迫者的困境。不具攻擊性的成人虐待狂和被虐狂，只要是在彼此合意的情況下施虐或受虐，那麼他們就和任何人一樣，享有同等的權利。認為虐待狂和被虐狂的權利不值得被考慮，正是法西斯式思考習慣的證據，然而絕大多數「正常人」卻都已經屈從於這種習性。虐待狂和被虐狂應該可以自由自在地耽溺於非攻擊性的行為。畢竟，一般民眾並不需要去到任何一家清楚標明允許「突發性擾亂」的戲院。至於虐待狂和受虐狂，在光顧「正常的」戲院時，則必須克制他們的狂熱。

最後，不得在擁擠戲院高喊「失火了！」的禁令，除非是源於一紙私人契約，否則言論自由將會與下列備受尊崇的權利相扞

格——亦即，人們享有「不讓觀賞中的表演被中斷，而被迫衝向戲院逃生口」的權利。

言論自由充其量只是一根脆弱的蘆葦，經常有受壓制之虞。由於我們對於言論自由的主張有時確實非常薄弱，因此，凡是有可能會讓它更進一步遭削弱的情事，都必須加以反抗。在摧毀言論自由這方面，幾乎再找不到比下列做法設計得更精密的伎倆：亦即在言論自由和其他被大力捍衛的權利之間，營造出假性的衝突（false conflict）。然而，針對高喊「失火了！」這個行為常見的詮釋，正好構築起這樣的衝突。如果允許言論自由有「例外」存在，那麼我們對於言論自由的薄弱主張將會被減弱。言論自由絕不會和我們所珍視的其他權利有所牴觸。

因此，在人潮洶湧的戲院裏大喊「失火了！」的人，可被視為英雄。他迫使我們審慎考慮在保護一項瀕臨絕種的珍貴權利時，到底有哪些事情牽扯在內，又有哪些事情亟待完成。

Part 4 | 不法行為

Outlaw

無照計程車司機
The Gypsy Cab Driver

在美國，計程車這個行業經常會在兩個層面上，對於窮人和少數族群造成傷害——分別是身為消費者和身為生產者這兩個角色。身為消費者，拿種族做文章的「計程車笑話」（taxicab joke），以及「黑人」（Black）在招計程車（他們通常是招不到車的）時所遭受的推託和難堪，便足以充分說明他們所處的困境。箇中原因不難推測。無論行程的終點是哪裏，計程車資是由法律所設定，而且無法任意調整。然而，有些地點就是比其他地方危險，司機也不太願意服務這些地區，而那通常是窮人和少數族群所在的社區。所以，要是可以挑客人的話，計程車司機便可能會以他們的經濟地位或膚色做為判斷依據。

了解以下這件事是很重要的：在犯罪率高低確有地域之別的前提下，（計程車司機依據經濟地位或膚色挑客人）這種狀況**全然是**政府對於計程車費率的控管所導致。要是沒有諸如此類的控管，開往不安全地區的車資就可以有所調整，以彌補計程車司機所承擔的更高風險。假如真的這麼做，「黑人」就必須比白人支

「……全錄每股股價57.375美元，上漲0.125美元；德州儀器每股92美元，上漲2美元；太陽石油優先股（Sun Oil preferred）每股31美元，下跌0.25美元；紐約市計程車營業執照（New York City Taxi Medallions）每股9萬6,090美元，上揚245美元……」

付更高的計程車資，就算不是以跳表金額更高的方式計費，或許也會是採計程車較為老舊或品質較差的形式。但至少在他們想搭計程車的時候，他們是可以取得這項服務的。在現行的制度下，他們甚至連這樣的選擇都沒有。

對於貧困的「黑人」消費者而言，招不到計程車並非只是小小的不便，雖然許多中產階級白人可能不覺得。大眾運輸（公車、電車和火車）計畫和路線都是在五十至七十五年前所設計和建造的。在那些年裏，運輸路線通常是**私人**企業主所有，其獲利及成功都是仰賴他們的顧客。可以說，運輸路線是專門為了滿足顧客需求而設計的。在許多狀況下，這些運輸路線並不符合當代社區的需求。（現今的運輸路線是公家所有，因而缺乏針對顧客需求而量身改造的誘因。如果顧客拒絕光顧某條運輸路線，那條路線就會變得不賺錢，而公家機關只要拿一般稅收去補足虧損即可。）因此，城市居民只得在搭計程車快速到家，和搭乘大眾運輸工具的長途、繞路和走走停停之間做選擇。窮人和少數族群尤其會面臨這種狀況，因為他們缺乏政治勢力去影響大眾運輸當局或是開闢新路線的相關決策。

在大眾運輸不普遍的區域裏，使用計程車服務的受限，往往不只是造成不便而已。例如，當牽涉到健康問題時，計程車就會是比救護車更好、更便宜的替代工具。但是，在大眾運輸路線或班車不足、居民負擔不起私家汽車的窮人區，通常很難招攬到計程車。

在現行制度下，窮人也因為身為生產者而受苦。以紐約市為例，政府規定所有計程車都必須取得營業執照。由於執照〔或者說是「獎牌」（medallion）〕的數量嚴格受限，致使一張執照已經可以賣到三萬美元之譜。不過，執照並非統一價格，還要看這面獎牌是屬於個人計程車或隸屬於車隊而定。此舉有效地阻絕了以業者身分進入計程車這一行。要是歐瑞修‧艾爾傑（Horatio Alger；譯注：19世紀美國作家，生平撰寫了上百部廉價小說，主角多為窮苦潦倒之輩，憑藉著勇氣、決心和努力，終於成功致富）筆下的英雄都必須先繳交三萬美元，才得以從事擦鞋或送報紙等行業，那會是什麼情形呢？

幾年前，為因應加諸在他們身上既無法當乘客（消費者）、也當不成司機（生產者）的限制，窮人和少數族群成員開始進入計程車業，在一段時期裏他們實踐了可回溯至一七七六年獨立戰爭（Revolutionary War）的美國傳統——不服從法律（disobedience of the law）。他們直接就在自己的舊車裝上計程表、特殊的燈和標誌，宣稱那就是計程車。開著這些「無照」（譯注：原文為gypsy，如吉普賽人一般的）計程車，他們穿梭在正牌計程車司機刻意迴避的貧民區街道上，展開了正當、但不合法的營生。他們初期之所以成功避開既有法律的懲罰，大概是出於兩個因素：警察擔心萬一去騷擾這些計程車，貧民區可能會「很不平靜」；還有就是無照計程車其實只在貧民區裏攬客，因此並沒有搶走正牌計程車的生意。

只不過，這段安逸的時光並未維持太久。或許是因為成功在貧民區裏營業而膽子變大，無照計程車司機開始往外探險。如果說正牌計程車司機之前是對這些無照者心存猜疑，如今則是對他們展現出十足的敵意了，而且理直氣壯。恰好在此同時，紐約的計程車遊說團體成功說服市議會頒布一項法案，允許計程車費漲價。於是，乘客數量急遽減少，立即的影響便是正牌計程車司機的收入銳減。顯然地，他們原本的乘客都改搭無照計程車。值此危急時刻，憤怒的正牌計程車司機開始攻擊和焚燬無照計程車，而後者也以牙還牙。經過暴力相向的幾個星期之後，雙方達成協議。黃色，也就是傳統計程車的顏色，保留給正牌計程車使用，無照計程車則必須使用另一種顏色，同時也展開討論授予無照計程車營業執照的試行計畫。

紐約市計程車業的未來會是如何？如果主流的「自由（主義）共識」（liberal consensus）的政治氛圍，一如往常般在這類問題上占了優勢，針對無照計程車司機的問題就會達成某種妥協，從而將他們納入計程車委員會的管轄範圍內。在顧及黃色計程車的前提下，或許他們將會被核發數量有限的營業執照。果真如此，這套制度將無異於現行制度──情況就像是一幫搶匪容許幾個新成員加入。但是，搶劫行為並不會因此而被終止，受害者也不會得到太大助益。假設根據某項計畫，有五千張新的營業執照獲得核發。這或許會小有幫助，因為黑人可能就有機會招攬到這些新增的計程車。因此，雖然黑人終將仍是二等公民，但是他

們或許可以比較容易地招到計程車。不過,矛盾的是,這種為了因應對於計程車的需求增加所做的讓步,可能會導致在未來無法提出再做改善的要求,因為這將使得計程車委員會得以自由和寬大的獎牌授予者自居,理由是他們已經做出了讓無照計程車取得營業執照的「慷慨」行為(儘管該委員會自一九三九年以來,從未額外多核發任何一面獎牌)。

身為生產者和創業家,窮人的地位或許會略有改善,因為新發的五千張執照可能會導致獎牌的購買價下降。然而,還有一個可能性是,在新增的五千張執照都核發出去之後,獎牌的購買價格卻上漲了。因為目前壓低獎牌價值的高度不確定性很可能會結束。如果獎牌購買價降低的不確定性消失,獎牌的價值將居高不下,而窮人的地位一點也不會獲得改善。

這根本不能解決問題!要化解這場計程車危機的恰當做法,並不是提議將無照計程車司機納入體制內,收編他們發起的運動就好,而是要摧毀這個限定計程車執照數量的制度。

就市場的日常運作而言,這意味著**任何**持有有效駕駛執照的合格駕駛人,都可以使用**任何**已經通過認證調查的車輛,搭載和運送乘客到**任何**一條他們共同選擇的街道,收取**任何**經雙方議定的費用。如此一來,紐約市的計程車市場的運作方式,將頗近似於香港的人力車。或者,舉一個比較不那麼異國情調的例子好了,計程車市場的運作方式將會頗近似於保母市場的運作——完全仰賴合約雙方的協議和同意。

　　窮人和少數族群成員所遭遇的計程車問題，很快就能被解決。而住在高犯罪率區域的居民，就可以付給計程車司機較高的費用。雖然他們將被迫支付超額的車資，這很可悲，但是就招計程車這件事而言，他們將不再是二等公民。然而，這個問題唯一真正有用、可長可久的解決辦法，還是要降低貧民區的高犯罪率，因為這才是導致超額車資的主因。不過，就現階段而言，絕對不可以阻撓住在這些地區裏的人，採取必要措施以取得所需的計程車服務。

　　窮人如果成為生產者，他們將因此收益，因為是在開創自己的事業。當然，他們還必須先設法擁有一輛車，但是那個難以跨越且人為的三萬美元阻礙，將不再存在。

　　然而，如果計程車成為一個自由市場，將會招致以下反對意見：

　　（1）「如果獎牌被取消，這樣一個自由市場將導致混亂和無政府狀態。計程車將在城市裏氾濫成災，並且削弱每一個計程車司機的謀生能力。因此，大批計程車司機將會離開這個行業，可使用的計程車將遠遠供不應求。不用獎牌執照來規範計程車數量，民眾將會受困於這兩個令人不滿的選擇。」

　　這個問題的答案是，即使計程車業初期會車滿為患，致使市場供過於求，但是只有**部分**司機會離開這一行。因此，計程車的數量並不會毫無規律地激增陡降，從可怕的過度供給，擺盪到空

無一人，然後再擺盪回來。再者，傾向於離開這行的司機，如果不是效率很差、收入很低，就是可以在其他行業裏有更好的選擇。他們的離開，將會讓留下來的人收入增加，因而讓這個行業更穩定。畢竟，如果律師、醫師或擦鞋童的數量有可能過多或過少，人們並無法透過專斷地設定一個上限，控管可以從事這些職業的人數，就防止這件事發生。我們仰賴的是供需的力量。當某領域的工作者太多，相對薪資就會減少，有些人就會因此轉行；如果某領域的工作者太少，薪資和新入行者就會增加。

（2）主張證照制度保障了乘車大眾的論點，是支持計程車獎牌最虛偽的論點之一。精神科醫師也是持相同論點，想盡辦法「保護」我們不要接觸到為**他們**創造收入的群體和其他人；純潔無瑕的工會主義者（lily white unionist）也是一樣，透過將符合條件的「黑人」排除在外，以「保護」民眾；醫師也是，為了「保護」我們，所以拒絕授予醫療執照給合格的外籍醫師。

如今幾乎沒人會受到這些論點的愚弄。專門的駕駛執照考試和汽車檢查，絕對就已經足以確保駕駛和車輛的品質。

（3）「如果計程車的數量毫無限制，獎牌就會毫無價值。對於已經斥資購得獎牌的人，將會很不公平。」

看看以下這則短篇寓言，或許能讓這個論點更清晰一些：

有個軍閥特許一群攔路搶匪劫掠所有過路旅客。就這項獲准搶劫的權利，軍閥向劫匪收取兩千五百美元的費用。於是人民推

翻了這個制度。

如今劫匪發現他們的投資根本無利可圖，誰該承擔這項損失？如果僅限軍閥和搶匪做選擇，我們可能會說：「你們兩家注定要兩敗俱傷。」（a plague on both your houses；譯注：語出莎士比亞名劇《羅密歐與朱麗葉》）如果我們必須選邊站，我們可能會站在劫匪這一方，理由是他們的威脅性比軍閥小，而且說不定他們最初支付的款項，還是出自於他們誠實賺來的錢。但是我們絕不會支持這樣一個計畫：長期受苦的過路旅客，竟然要被迫補償喪失了劫掠路人特權的搶匪！

同樣地，我們也不該認可這樣的論點：應該由長期受苦的計程車乘客，來補償已經買到貶值獎牌的那些人。如果獎牌擁有者和獎牌授予者（政客）曾幾何時走到了攤牌時刻，民眾或許應該站在獎牌擁有者這一邊，原因是他們對民眾的威脅性較小，而且原本或許是拿誠實賺到的錢來買獎牌的。

真正該被拿來補償獎牌擁有者的，反而是政客的個人存款，或是他們的不動產。軍閥就是軍閥。要民眾拿出積蓄付款，形同對民眾更大的懲罰。如果這筆錢不是出自政客的個人存款，獎牌擁有者就必須承擔這個損失。當有人花錢購買一張允許劫掠民眾的許可證，購買者就必須接受伴隨著投資而來的風險。

賣黃牛票的人
The Ticket Scalper

　　韋氏辭典（Webster）將「賣黃牛票的人」（scalper）定義為「為求快速牟利而從事買賣行為」的人；至於「賣黃牛票」（scalping）則意指「欺詐、擊敗和劫掠」。後者乃是基於社會大眾對於「票券黃牛」（ticket scalper）懷有敵意而使用的定義。

　　這項責難背後的理由不難理解。試想一個影迷或球迷，在某項重大活動的前夕，抵達現場後赫然發現，他必須花五十美元才能買到一張原本只要十美元的票，這自然令他驚愕不已。他認為這一切都是「黃牛」搞的鬼，他們先以一般價格購得這些入場券，然後刻意保留，直到人們實在無計可施、但又一票難求時，便會願意支付任何要價。然而，經濟學分析顯示，如此譴責黃牛並不公平。

　　為什麼賣黃牛票這種勾當會存在？其**必要條件**之一便是固定不變的票券供應量。如果供應量能夠隨著需求量的增加而增加，那麼黃牛將會銷聲匿跡。如果人們可以用票面價格買到入場券，誰還會想光顧那些黃牛？

　　黃牛存在的第二個必要條件，則是票券定價有清楚地標示出來。如果票券上看不出定價，那麼按照定義，黃牛就不太可能會出現。試想，在紐約證交所買賣的股票，就沒印出股價。無論投資人買了多少股票、持股多久，或是以多麼高的價格轉賣——股票都無法被黃牛介入以牟利。

　　為什麼戲院和棒球場要印出票價呢？為什麼不讓市場決定票券該以什麼價格出售呢？如同小麥在芝加哥期貨市場的出售方式，或股市裏的股票交易方式一樣。如果能夠這麼做，黃牛將無法生存。一般大眾也許會認為，在票券上標明定價確實很方便；又或許標明定價有利於人們編列預算、規畫假期等等。無論理由為何，大眾一定是偏好業者明訂票價的。如果不是這樣，經理人和生產者基於自己的利益考量，應該不會想要明訂票價。由此可知，票券黃牛之所以存在的第二個理由，乃是應大眾需求而產生。

　　黃牛生意存在的第三個要件就是，票務經理人所選定的票價低於「市場均衡價格」（market clearing price）。而所謂的市場均衡價格就是：當人們想要購買的票券數量，恰好等於戲院或球場可提供的座位數量時的票券價格。

　　票券定價低於市場均衡價格，等於是公然引誘黃牛出現。因為當票價偏低時，願意買票的顧客當然會多於業者所提供的票券數量。這個供需失衡激發了修正此不均衡狀態的力量。想要買票的人會開始花更多工夫以取得票券，而當中有些人則願意支付高

於票面價格的費用。一旦價格上漲，原本的失衡現象就會被修正，因為更高的價格導致了需求的下降。

　　為什麼戲院或球場要將票價訂得低於市場均衡價格呢？首先，較低的價格能夠吸引大量觀眾。人們大排長龍等著進到戲院或球場，形成了免費的造勢活動。換句話說，戲院或球場的管理階層之所以放棄更高的價格，是為了省下原本可能要花的廣告費。此外，即使賣出大型比賽或熱門影片的票券一點都不難，但經理人仍極不願意調高票價，唯恐招致反彈。許多人認為電影票理應有個「合理的」價格，於是經理人就順應了觀眾的這個感覺。因此，即使碰到像《教父》這類或許能夠收取高於平日票價的情況，他們也不會這麼做，因為這些顧客可能以後不會再光顧這家戲院，並認為這戲院趁著這部大賣座的電影「海削」了一票。另外還有幾個較不具說服力的動機，也會使得票價維持在均衡狀態以下的水平。總括來看，這些動機確保了這個定價政策──黃牛存在的第三個要件──將會持續下去。

　　更進一步觀察黃牛所發揮的正面作用可知，當票券定價低於供需均衡的水平時，顧客數量將高於票券數量。於是問題就演變成「如何將少數的票券分配給多數的需求者」。這時候，黃牛所扮演的角色，就是為這個問題提供解決之道。

　　假設在球季期間，平均票價為五美元，而每場比賽的觀眾數都達到球場的容納量──兩萬人。然而，到了球季末了的「冠軍戰」時，同時有三萬人都想要票。那麼這兩萬張票該怎麼分配給

「⋯⋯嗯，雖然他是賣黃牛票的，我還是很佩服他的勇氣⋯⋯」

三萬個想買票的觀眾呢？而在三萬名想要進場看球的人當中，又有哪一萬人該放棄這場球賽呢？

當商品短缺時，經濟學家已經界定出兩種基本方式，分別是「以價制量」（price rationing）和「非以價制量」（non-price rationing）。在以價制量方面，價格被允許抬高。在我們看來，當需求超過供給時，這是分配商品唯一一個公平的方法。如上述例子，一張票的平均售價可能會漲到九美元，前提是如果這個價錢就是只有兩萬人準備好、且願意購買這兩萬張票的時候。這個以價制量的特殊方法（經由這個方法，平均票價上漲了四美元）並沒有固定的形式。炒作票價者（ticket speculator）或「黃牛」也許會獲准購買全數票券，然後以每張九美元的價格轉售。抑或，他們可能獲准購買兩千張票，而其他一萬八千張則是以票面價格五美元賣出。「黃牛」可能會以每張四十五美元的價格賣出那兩千張票，這樣也會使票券的平均售價為九美元。雖然賣黃牛票的人將會因票價「高得離譜」而遭到譴責，但這樣的價格確實是簡單算術的結果。假如要降低觀眾對於票券的需求到兩萬張，平均票價漲到九美元就是必要的；假如其中的一萬八千張又以每張五美元的價格賣出，那麼剩下的兩千張自然就**必定會**賣到四十五美元。

〔前頁圖文〕

（戲院看板）新音樂劇：《我夢到拉肚子》

在非以價制量這方面，為了降低對票券的需求而調高價格，是不被允許的。相反地，業者得採用其他技巧來達成同樣是抑制需求的目的。經營者可以基於先到先買（first-come, first-served）的原則來分配票券，也可以採用其他的偏袒徇私方式以縮小市場——看關係（只把票賣給親朋好友）；種族主義（只賣給特定族群）；性別主義（只賣給男性）。此外，特定年齡層也可能會格外受重視，其他年紀的人則是被擋在門外；抑或，退伍軍人或某些政黨的黨員可能享有特殊待遇。所有這些非以價制量的技巧，都有差別待遇之嫌，而獨厚某些族群。

讓我們來談一個典型的先到先買（FCFS）的方法，因為這是最廣為運用、也經常被認為是「公平」的制度類型。雖然票券一直要到活動當天早上十點才開始販售，但希望能買到票的顧客，往往會在很早之前就在售票口大排長龍。某些人在黎明破曉時就去排隊；某些人甚至前一天晚上就開始排隊。因此，先到先買的方式等於是歧視那些認為排隊等待非常麻煩的人——無法請假一天、離開工作崗位的人；或是請不起僕人或自家司機為他們排隊買票的人。

我們可以由此推論：從以價制量到黃牛的產生，只有有錢人受惠嗎？在此我一定要提出一個可以從多個角度來詮釋的答案。從某個觀點來看，黃牛協助了中低階層的民眾，並且傷害了富人。假設收入最低的階層包括許多失業或打零工的人，那麼他們就有時間和機會去排隊。即使有工作，他們請假不去工作所損失

的錢也不比其他人多。對於這些幾乎沒什麼選擇的人而言,「賣
黃牛票」這一行提供了就業和商機。沒有一項職業像黃牛一樣,
讓窮人可以用如此稀少的資本來開展自己的事業。在前述案例
中,黃牛所需的資金就是五十美元,以購買十張價值五美元的
票。如果這些票都以每張四十五美元的價格轉售出去,則黃牛所
獲得的利潤可達四百美元。

　　除了窮人之外,中產階級的成員也同樣受惠,因為這些人不
太可能有時間去排隊買票。他們請假不去上班的代價(亦即收入
上的損失)比下層階級的成員還要高。對於中產階級的成員而
言,買一張四十五美元的黃牛票應該比較划算,因為請假去排隊
所造成的當日薪資損失可能大得多。總之,黃牛這一行使得最低
收入階層的人們,變成了中產階級所雇用的代理人(agent),因
為中產階級實在忙到沒時間去排隊買便宜的票。

　　有錢人可以叫僕人為他們排隊買票,因此不需要黃牛。但是
在某種情況下,黃牛甚至還能幫上富人的忙——亦即有錢人僱請
一名黃牛(他在這方面可是專家)的錢,比僱請僕人幫他完成買
票任務的成本還要低。(票券投機買賣竟可嘉惠全部的人,這點
應該不令人意外。市場並不是一個只能以犧牲他人利益來牟利的
叢林。自願交易便是互利行為的典範。)如果黃牛的「利潤」比
富人僱請僕人的成本還低,那麼他就可以直接跟黃牛買票,略去
充當中間人的僕人,省下一些錢。

　　然而,從另一個觀點來看,以價制量和黃牛生意確實獨厚富

人，因為富人會發覺在市價高的時候買票變得很容易，而一般大眾卻可能覺得很困難，或不可能。然而，這是貨幣經濟（monetary economy）的本質，只要我們希望享有唯有這樣一套制度所能提供的利益，我們就必須接受它。

我在「進口商」的章節中，為貨幣經濟提出了辯護，因為它促使我們專門化，並且從分工中獲利。如果我們每個人都只能享用自行生產的東西，試想那樣的生活品質和存活機會將會如何。那幅情景相當駭人。我們的生命，仰賴和其他夥伴進行交易來延續，而且，如果貨幣制度崩解，我們當中（即便不是全部）也會有絕大多數的人將會毀滅。

我們不允許以金錢分配財貨的程度，以及我們不准富人按照他們金錢開銷的比例而取得較多財貨的程度，相當於我們任由貨幣制度崩解的程度。當然，讓富人獲取更多財貨和服務並不公平，因為這些有錢人當中有許多人並不是經由貨幣制度來累積他們的財富，而是靠政府補助。然而，為了擺脫違法累積的財富而消除貨幣制度，就如同把嬰兒和洗澡水一同倒掉（亦即把菁華和糟粕一同否定掉）。畢竟解決問題的答案在於直接沒收以不正當手段取得的財富，而非廢除貨幣制度。

當財富是以正當的方式賺取而來，關於有能力獲得更高比例的財貨和服務這件事，就沒有任何不當之處，而且也是維繫貨幣制度的關鍵所在。推動以價制量有功的黃牛，確實有助於讓富人獲取他們努力得來的報酬。

不正直的警察
The Dishonest Cop

　　同名的暢銷書和賣座電影《衝突》（*Serpico*，1973年薛尼・盧梅導演）裏的英雄賽皮可，是一個反骨、蓄鬍、嬉皮作風的警察，他拒絕遵從警察之間心照不宣的規則：「不要與你的同事為敵。」誠如賽皮可所說：「我唯一立過的誓言就是執行法律——而誓言並沒有說你可以與任何人為敵，就是警察除外。」

　　這個故事追溯了賽皮可（譯注：賽皮可確有其人，本名為 Frank Serpico，曾服務於美國紐約市警局〔NYPD〕，因為公然揭發及作證警界貪污而聲名大噪）的成長歷程，從他童年時期立志成為一個好警察開始，顯露出他最初對於警界貪污腐敗的天真無知；在這樣的情況下，他孤立無援又無法引起長官的注意；他從警察同事身上感受到的輕蔑與憎恨；以及他最後理想幻滅。故事從頭到尾，對於所謂的「好人」和「壞人」都有一個顯而易見的預設。好人就是法蘭克・賽皮可，以及在他追求「正義」和懲罰收賄者的過程中，曾經給過他有限援助的一、兩個警察。而壞人則是貪贓枉法的警察，以及保護貪污者免於受到起訴的那些人。

然而，應該加以質疑的，正是這樣一種觀點。

賽皮可和賭博

在賽皮可的故事裏，一個裝有三百美元的信封，扮演著重要角色。有個只知道名叫「猶太・馬克斯」（Jewish Max）的勢力龐大的賭徒，請信差把這個信封送交賽皮可。在這次意圖未遂的賄賂案裏，賽皮可多次嘗試，就是無法引起任何一位長官的注意。

為什麼「猶太・馬克斯」會想要送錢和禮物給不願配合的賽皮可呢？這個提供自願（賭博）服務給合意成人（consenting adult）的「猶太・馬克斯」，注定要成為賽皮可和緝賭小組裏其他「誠實」警察的犧牲者之一！他們的目的在於騷擾、追蹤、逮捕和綁架（監禁）所有涉賭的人。一般大眾都被告知，警方採取激烈暴力行為是必要的，因為賭博違反法律，而捍衛法律是警察的職責。但是，在集中營裏最兇狠的納粹惡徒，也可以拿這樣的論點做為辯詞。

在另一個插曲裏，有個貧民區母親向賽皮可抱怨說，她兒子被吸收參與一項非法賭博交易，因而請求賽皮可制止這項交易。這下可好了，意圖保護一個孩子脫離一項可能會傷害他的活動，這樣應該不會遭到反對了吧。然而，因為有個孩子已經涉入其中的理由，便要破壞一項對成人而言是「正當」的活動，顯然還是值得非議。這類情況的解決之道在於阻止那個孩子參與，而非徹底根除這個活動。我們幾乎不會以性、飲酒或駕車會對孩童造成

傷害或危險為由，就明文禁止這些活動。

緝毒警探賽皮可

雖然賽皮可誓言克盡的職責是保護公民的權利，但他最後卻在試圖闖入一名毒販的公寓時受了傷。私闖民宅的理由當然是法律禁止販毒，因此儘管賽皮可曾發誓要保護個人權利，不過他也立過誓要捍衛法律。如同其他情況，在這個例子裏，當保障個人權利和捍衛法律相衝突時，他選擇了後者。賽皮可加入緝毒小組的行為本身，清楚說明了他對法律的忠誠凌駕了一切。

但是，禁止販毒勢必會抬高購買毒品的價格，使得毒癮者難以取得毒品。結果就是，他們必須犯下更加重大的罪行，以取得買毒品所需的錢。由於禁售毒品，反而因此危及全體公民。為了強制執行禁令，就像賽皮可的所作所為，形同是認為保護法律的重要性高於保護公民。

賽皮可和摸魚打混

假定警察奉命所做的大多數行為，都會傷及一般大眾，由此可以推斷，警察愈是不積極主動，對全體民眾造成的傷害就愈小。或許是因為察覺到這一點，絕大多數警察的作為都在保護民眾免於受到傷害，亦即規避自己的職責。

與其四處執法，妨礙人民的權利，許多警察選擇了可敬的解決之道——打混（coop）。打混（值勤時躲在某個偏僻角落打瞌睡）就是激怒賽皮可的情況之一。抱持著好事之徒堅持要干涉他

人生活的高尚傳統,賽皮可堅持無時無刻都鎮守在街頭,這裏取締一個妓女、那裏伏擊一個賭徒、四處騷擾毒販。

當然,賽皮可無可否認地也代表一股良善的力量。畢竟,他確實緝捕到強暴犯、強盜、搶匪、小偷、殺人犯和破壞治安者。而且,他還以一種極具想像力的方式執行職責。他偽裝成信仰哈西德教派(Hasidic)猶太人、嬉皮、屠宰場工人、商人和毒癮者,潛行於大街小巷,挖掘整個城市的祕密,而他那些穿西裝、打領帶、長大衣、黑皮鞋、白襪子的警察同事,沒一個做得到這樣。但是,賽皮可在這些行動上能夠得到的成績有多好,就代表他願意踩出法律和秩序的界線有多遠。

以一名年輕強暴犯為例。賽皮可無視於警察夥伴的反對,阻止了一件進行中的強暴案,而警察夥伴之所以反對調查可疑的喧鬧聲──理由是那些聲響發生在他和賽皮可被指派巡邏的區域之外。對於這個看似正當的理由,賽皮可絲毫不以為意,堅持要展開調查。強暴犯有三個,他只能逮捕到其中一名。但是當賽皮可把強暴犯帶到警局時,他又因為強暴犯遭到粗暴(和無效)的對待而感到沮喪。在囚犯即將被轉送另一處時,賽皮可還帶了一杯咖啡給他,和善地跟他聊了幾分鐘。透過溫和的說服,他挖出了強暴犯另外兩個共犯的姓名。

接著,賽皮可算是見識到了警局各式各樣的官僚習氣。他找出了共犯藏匿的地點,但是在他打電話給該轄區長官呈報他們的行蹤時,卻被告知奉派處理這個案件的警探正在休假。長官堅持

賽皮可不該逮捕那兩位共犯，即使他已經從公共電話亭監視著他們兩人。賽皮可再次違抗長官的合法命令，逮捕了那兩人。（當他把他們帶到警局，盛怒的長官告訴他，他不會因為逮捕這些人而得到任何功勞——算是為這個故事做了適切的收尾。）

正是許多諸如這類故事的例子，使得賽皮可成為一個空前的英雄，也促成了以他的姓氏為名的書籍和電影廣受歡迎。但是這個例子也暴露出賽皮可性格裏的基本矛盾。他所查緝的娼妓、賭徒和毒販，所從事的都是彼此合意的成人之間的自願行為，因而顯露出他對於法律的絕對信奉。回想當初，他在孩提時代志願要成為警察的夢想，只能說是夢想要**捍衛法律**而已。然而，在強暴犯的例子裏，賽皮可之所以做出了善行，正是因為他願意違反法律。而在任何一個會將他的所作所為視為英勇行徑的情況下，也都存在著相同的行動準則。

思考一下賽皮可對抗其他人——也就是所謂「正常的」警察（他認為貪污腐敗的那些人）——的戰役，可以歸納出兩種類型的警察。一種是不去騷擾那些從事自願但非法行動的合意成人，並向從事這類活動的人**收受**金錢的警察；另一種則是向這些人索求金錢，好讓他們從事這些活動。

在第一個例子裏，假定他們從事的活動是正當的（legitimate）——即使法律禁止——那麼**收受**金錢以允許他們從事這類活動，似乎就是極其恰當的做法。就邏輯上而言，收受金錢和收受禮物是無法區分的，因而光是收受禮物並不算是不正當。

　　然而，有些人則是採取相反的立場，聲稱就算是在法律設想不周的情況下，也不能有任何例外；聲稱「僅僅是」某些個人（"mere" individuals）不應該享有挑揀和選擇的自由，而必須只能遵守法律。允許法律規範被打破，那必然是罪惡的，除了因為它違反法律，也因為如果因此而立下先例，將會導致混亂。

　　不過，要贊同違反法律必然是惡行的觀念，其實是有困難的。更確切地說，如果紐倫堡大審（Nuremberg Trials；二次戰後對納粹戰犯的軍事審判）曾經給了我們任何教訓的話，那就是教會我們與這個觀點正好完全相反的想法。紐倫堡大審的教訓是，有些法律本身就是邪惡的，因而遵守這樣的法律就是錯誤的。另一個同樣難以理解的觀念則是：選擇性地違反法律，將立下一個終將導致混亂的先例。這樣的行動只會立下的一個先例就是，**不正當**的法律是可以被違抗的。這其中並無混亂和任意殺人的意涵，只有倫理道德的意涵。要是在納粹掌權那些年裏，曾經牢固地立下這樣一個先例，那麼集中營的衛兵可能就會拒絕服從那些要求他們屠害不幸受害者的**合法**命令。

　　最後，主張「僅僅是」某些個人（"mere" individual）不該自由選擇他將遵守哪個法律的觀念，根本是無稽之談。「僅僅是」某些個人（"mere" individuals）就是我們僅有的全部。

　　總結來說，既然違法行為偶爾會是正當的，那麼縱容違法行為的警察偶爾就算是表現得頗為適當。因此，賽皮可對於這類警察的攻擊，就很沒有道理。

　　現在再來想想賽皮可所譴責的第二種警察——不只是縱容違法活動或收受別人給的錢，而且還向公民索求金錢。字典將這樣的行為稱為「勒索」（extortion），亦即「利用權勢或強迫以榨取；使用體力、暴力、恐嚇、**濫用職權**或任何非法手段以強取或豪奪；向……勒索，好比勝利者向被征服者敲詐貢品。」勒索通常被視為卑劣的行為，而這樣的評價是可被接受的。然而，這樣是否就意味著，賽皮可對於涉及勒索的警察的抨擊，應該被認可？不，因為賽皮可所扮演的角色，甚至比勒索還糟糕！試想警察在碰到非法但完全合乎道德的行為時，可能會有的四種不同反應。他可能會 (1) 忽略該行為；(2) 收受金錢以忽略該行為；(3) 索討金錢以忽略該行為（勒索）；或是 (4) 阻止該行為。

　　在這四種可能的反應裏，第四種是最不可取的，因為單是阻止該行為本身，就算是徹底禁絕了一項合乎道德的活動——只因為該活動湊巧是非法的。

　　賽皮可要是某個納粹集中營裏的警衛，他大概會認為自己的職責就是服從命令去凌虐囚犯——就如同所有將「法律和秩序」視為首要價值的人會做的那樣。如果他始終如一地堅守自己的立場，他多半也會覺得一定要徹底根除集中營裏的「腐化惡行」，因而揭發他那些 (1) 拒絕服從命令；(2) 拒絕服從命令，並且向囚犯收錢；或是 (3) 拒絕服從命令，並且索求金錢（勒索）的警察同事。向囚犯勒索金錢以換取他們免於遭受凌虐，誠然是不道德的；但是**不拿他們的錢**——而服從命令**凌虐**他們，無疑是**更糟糕**。

Part 5 | 金融

Financial

（非政府的）偽造貨幣者
The (Non-Government) Counterfeiter

　　字典將「偽造貨幣」定義為：「編造；虛假不實；非法捏造；仿造某項事物，意圖假借贗品充當正品以詐騙人心。」因此，偽造是詐騙的一個特例。在常見的詐騙行為中，「造假」的部分包括拿某項貨物或商品冒充正品，以換取另一項貨物或金錢。然而，在從事偽造貨幣的活動時，被用以充當真品的並不是商品或貨物，而是金錢本身。就像是一般的詐騙行為一樣，偽造貨幣這項特殊的詐騙行為已經構成了竊盜行為。但是，就偽造貨幣本身而言，當中還牽涉了某些更複雜的狀況。

　　偽造貨幣的效果，完全要看偽鈔本身是否在市面上流通。如果有，就是明顯觸犯了竊盜罪嫌。如果偽鈔是在偽造者將之傳遞給第一位接受者之前就被揭穿，則偽造者將以現行犯被捕，並不構成偽造貨幣罪（圖示中的「時間點一」）。如果偽鈔是在流傳到第一位接受者之後、但是在他有機會將偽鈔繼續流通之前被發現（圖示中的「時間點二」），那麼製造偽鈔的行為就是對第一位接受者的竊盜行為。因為B先生等於是放棄了真正的財貨或服務，

而換得了一張事後才發現是毫無價值的廢紙。等到這張廢紙遭到銷毀，第一位接受者將一無所有。

　　如果發現偽鈔的時間點是在第一位接受者不知情的狀況下，將之視為真鈔而傳遞給第二位接受者之後，並在第二位接受者有機會將偽鈔交給第三位接受者之前，那麼第二位接受者將會有所損失（時間點三）。

發現偽鈔的時間點：

時間點一		時間點二		時間點三		
A先生		B先生		C先生		D先生		E先生……
偽造貨幣者		第一位接受者		第二位接受者		第三位接受者		第四位接受者

　　第二位接受者之所以會蒙受損失，是因為他已經給了第一位接受者某項有價值的東西，但是卻沒有得到任何回報。如果他可以找出第一位接受者，那麼損失的情形將會因為第一位接受者並未觸犯任何罪行而更為複雜。這項損失很可能必須由兩位接受者共同承擔。當然，如果能夠找到最初開始散布假鈔的人，並要求

他償還款項，那就不會發生任何損失，因為偽造貨幣行為實際上等於沒有發生。但是，如果先前散布偽鈔的人沒一個找得到，那麼無論這張偽鈔先前已經被流通過多少次，凡是在偽鈔被發現那一刻持有偽鈔者，就得承擔全部損失。

　　如果偽鈔未曾被發現，情況將截然不同。偽造貨幣所導致的損失並非由任何單一個人所引起，而是整個社會以一種頗為複雜方式所導致。損失並非立即明顯可見，因為雖然有某一項商品被拿來換取偽鈔，但是沒有**任何一位**偽鈔接受者失去了該項商品的全部價值。不過，我們很容易就能看出確實有損失發生──因為偽造貨幣者已經取得了一個和偽鈔面額等價的物品，但是無助於社會上其他人從事價值的積累。由於在任何一個特定時點，社會上的財貨就只有那麼多，如果偽造貨幣者已經由欺騙而得利，那麼必定有人蒙受損失。

　　損失遍及整個社會的情況，端視目前流通中的額外金錢（偽鈔）所引發的物價上揚。有一個無可避免的結果就是，物價**將會**因為偽造貨幣者所從事的活動而上漲，因為製造偽鈔的行為增加了在市面上流通的金錢額度，然而財貨和服務的數量卻維持不變。物價不會突然飛漲，也不會平穩地攀升；相反地，物價將呈現波浪狀上揚，如同池塘的水在受到一顆石頭擾亂其均衡狀態時的反應。第一位偽鈔接受者所在的產業或地區，將會是物價率先被抬高的地方。而物價之所以提高，是因為花在該產業裏的偽鈔是「多出來的錢」；亦即，如果沒有偽造貨幣行為，這筆錢就不

會被支出。因此,第一位接受者成了偽鈔的受益者,原因是要不是有人偽造貨幣,他就不可能收到這筆錢,因而也就無法在一個價格尚未上揚的產業裏花費這筆錢。第一位接受者從中賺取了差額(雖然額度可能頗高,但是絕對無法和偽造貨幣者的獲利相比)。

第二位偽鈔接受者也是受惠者,其餘位在日漸擴散的漣漪效應(ripple effect)開端的接受者,亦利益均霑。因為這些人得到新錢的時間點,都是在偽造貨幣行為將多餘的金錢丟到市面上流通、導致物價上漲之前。然而,遲早有一位偽鈔接受者將會沒有賺頭。當接獲偽鈔的時候,如果還有機會把錢花在一個物價尚未上揚的地區裏,那麼他將從通貨膨脹中賺取微薄的利潤;如果沒有,他將會蒙受損失。平均而言,在這個貨幣擴張的階段,人們既不會從偽造貨幣中獲利豐厚,也不會損失慘重。

在這個階段之後接獲偽鈔的人,將承擔貨幣擴張的虧損,因為在他們接獲任何額外的金錢之前,物價已然上揚。當偽鈔最終輾轉流到他們手上,他們將成為不折不扣的輸家。部分諸如寡婦和退休人士所屬的團體,經常會因為偽造貨幣所引發的通貨膨脹而蒙受損失,因為他們的收入是固定的。

如果這一切都是真的,製造偽鈔者為何還能被視為英雄?假設偽造貨幣的行為最終被揭穿,其最主要的後果就是欺騙了因為收到偽鈔而「蒙受損失」的人;又假設偽造貨幣的行為未被揭發,而其最主要的後果就是導致通貨膨脹,使我們當中許多人遭

受損失，那麼將製造偽鈔者稱之為英雄確實很奇怪。

　　將一般私製偽鈔者稱為英雄的理由有兩個，其一就是，現階段已有一個**更大盤的**偽造貨幣者正在運作當中；其二則是，私製假鈔者據以仿製的金錢並不具備真正的合法性——相反地，被拿來偽造的金錢本身其實就是偽鈔。指稱偽造**真鈔**將會構成竊盜罪嫌是一回事，但是指稱偽造**假鈔**將會構成竊盜罪嫌，則又是另一回事！

　　在此用一個類比，或有助於澄清此一論點。拿走某人合法擁有的財物屬於偷竊行為，因而是不正當的。但是法令並未禁止我們拿走小偷非法所持有（竊取而來）的財物。更確切地說，這樣的做法甚至無須被冠上竊盜之名。換言之，如果失竊的受害者無法合理地主張遭竊取財物的所有權，那麼這樣一種表面上無異於偷竊的行為，就絲毫稱不上有任何違法之處。如果 B 從 A 那兒竊得某物，而 C 從 B 那兒拿走了這樣東西，我們不能認為 C 觸犯了竊盜罪嫌（為了單純起見，我們可以假設 C 無法找到該物的原主 A）。**唯有在**財貨的原主是**合法**擁有者的情況下，我們才可以說強迫移轉財貨是非法行為；如果財貨原主並非合法擁有者，那麼有關財貨的移轉就沒有任何不妥之處。

　　由此可以看出，我們並無法從「偽造真鈔不合法」這項事實，推斷出「偽造**假鈔**也不合法」的結論。如果我們可以證明偽造假鈔的行為本身並未違法，再加上如果「原本的」金錢的確就是偽鈔，那就顯示偽造貨幣者的「私製行為」根本沒錯，因而或

許可以被視為英雄。

偽造假鈔本身並未違法的主張，乃是基於我們了解到：這樣一項行為在形式上和從竊賊身上偷東西沒兩樣。字典上對於偽造貨幣的定義原本就是「非法捏造」和「以假亂真」。但是如果被拿來偽造的金錢本身就是假鈔，那麼偽造者並未以假亂真，他只是傳遞（另一張）**假造的**偽鈔而已。而如果非法捏造意味著以贗品充當**真品**，那麼偽造者就不算是非法捏造，因為他實際上並未**意圖**以假亂真——他只是試圖將自己製造的物品當成是**偽鈔**的複製品而已。

假造貨幣者據以複製的金錢本身就是偽鈔；而這些偽鈔是由一位非私人的偽造者所製造的——那就是政府。

這是一項嚴肅的指控，而且並非無的放矢。雖然這麼說並不中聽，但事實就是政府到處製造真錢（金和銀）的仿製品。幾乎所有的政府都**禁止**使用真錢，只允許民眾使用他們所偽造的假錢。這就好像是一位私製偽鈔者不只仿製在市面上流通的金錢，而且還阻礙和禁止「合法」金錢的流通一樣。

試想在政府涉入頗深之前，貨幣制度是何樣貌？當時金和銀（以及代表金銀的紙幣）都是可以流通的媒介。政府不能只是干預這項制度，然後將其**強制貨幣**（fiat currency）強加在人民身上。所謂的強制貨幣就是帝王、君主或總統強制推行的貨幣，並非基於人們的自願選擇。因此，人們當然不會把這種貨幣當作金錢使用，也不會自願放棄他們辛苦賺來的財物，拿來換取這樣的

代用貨幣。在這種情況下，政府於是改採漸進式的方法以達成其控制貨幣機制的願望。

在金本位制度之下，私人鑄幣者可將金塊鑄造成錢幣。這些錢幣的重量是由私人鑄幣者所認證，而鑄幣者在精準和誠實方面的聲譽，就是他們賴以為生的工具。政府掌控貨幣機制的第一個階段就是取得壟斷地位，全面操控鑄幣廠，並且宣告以下兩件事：第一，鑄造貨幣乃是君王或統治者的專屬領域；第二，私人鑄幣者並不足以擔當（鑄造貨幣）此重責大任。於是，政府便將鑄幣權**收歸國有**。

第二個階段是讓貨幣**貶值**。在將君王的肖像鑄在錢幣上之後，政府為「確保」錢幣的重量和品質，便將錢幣加以「熔焊」（刻上比實際重量高出許多的幣面重量）。政府偽造貨幣的行為就是以這種方式開始的。

第三個階段是制訂**法定貨幣法**（legal tender law）。這些法令要求貨幣的交易和計算都必須按照官方所銘刻的價值，不得依據其他價值（例如重量）。一枚鑄上「十金盎司」的錢幣，就可以合法地用來支付十金盎司的債務，即使該枚錢幣實際上僅重八金盎司。在法定貨幣法的壓力下，債權人所發出的抗議均被君王的司法制度所駁回。這類法令的目的，當然是為了建立民眾對於政府偽造之貨幣的信心。

政府很快就發現這類做法無濟於事，因為熔焊錢幣的工作有其限制。然而，即使是慢慢地以代用貨幣（金屬含量低於幣面價

值）取代全值貨幣（金屬含量等同於幣面價值），產量還是不夠。縱使政府取得了全部的錢幣價值，錢幣總數的價值還是有一定限度。於是，一套更利於偽造貨幣的行動於焉展開。

第四個階段正式登場[1]。政府停止了純粹以代用貨幣替換金幣的做法，轉而開始製造更多的代用貨幣，而這些代用貨幣所代表的黃金數量遠高於政府所持有者。從此，錢幣和金塊所代表的黃金價值，甚或還在地底下的金礦價值，再也無法約束政府偽造貨幣的範圍。

有了這項創新的做法，政府偽造貨幣堂堂邁入了第五個階段──亦即第一個「文明的」階段。終於，美元紙鈔似乎可以無限制地印製。印鈔機全速運轉，政府偽鈔所導致的通貨膨脹開始進駐現代世界。

到了第六個階段，政府支出更是大受激勵。政府在第五個階段開始的偽造紙鈔，已使得情況較偽造錢幣時有所「改善」；但是若能接管銀行和支票貨幣，則情況將大大改善。根據銀行對於法定準備的規定，銀行體系可以透過眾所周知的「乘數效果」（multiplier effect）創造出倍數的貨幣量。在所有擴張中的經濟體中，紙鈔數量超過錢幣，而銀行支票存款又多於紙鈔。接管了銀行之後（同時壟斷了錢幣和紙鈔的發行），等於是進一步擴大了

---

[1] 我們無意將這些階段區隔成嚴格且截然分隔的時間順序，這麼做只是為了方便說明。

「……小姐，我必須說，能夠找到一個了解『聯邦準備制度』之惡的人，的確還滿令人愉快的，但是現在已經這麼晚了，我上哪兒去找金塊或銀塊呢？」

政府偽幣計畫的範疇。

　　政府再次利用「自由市場不可信任」的託詞，立法成立了中央銀行，隨後又成立了聯邦準備制度（Federal Reserve System）。中央銀行擁有紙鈔發行和控制貨幣數量工具（公開市場操作、設定重貼現率、給予銀行融資）的獨佔權，使整個銀行體系和偽造貨幣裏應外合。

　　政府所持的主要論點是：所謂的「自由」（free）或「騙子」（wildcat）銀行（大部分位於美國中西部人煙罕至地區）都疏於支撐其銀行券（bank note）發行。基本上，這項指控並沒有錯，但箇中緣由（起因於西元一八一二年的美英戰爭）並不單純。在那場戰爭的時候，新英格蘭地區的銀行是全美最健全的，可是新英格蘭也是全國最反戰的地區，因此中央政府借款的對象大多必須來自中西部的銀行，而這些銀行的銀行券發行又遠超過它們的黃金存量。（政府正式取消了自身必須維持銀行健全的責任，卻又矢口否認。）在政府借來的錢（以銀行券形式）當中，有許多都是花在新英格蘭。然而，當該地區銀行要求兌現這些中西部銀行所發行的銀行券時，政府竟然規避其自稱的責任，宣布「銀行假日」（banking holidays），讓這些騙子銀行得以不履行義務長達好幾年的時間。政府持續的浮濫政策，使得聽命行事的私人銀行招致惡名，並且給政府一個正當理由接管這些銀行。然而，鼓勵這些私人銀行從事偽造貨幣活動的幕後主使人，正是政府。

　　在這個發展階段，唯一美中不足之處就是促使政府進入了第

七個階段。某些國家致力於偽造貨幣，因而通貨膨脹的程度比其他國家更嚴重。但是當某國所從事「偽造—通膨」（counterfeiting-inflation）的程度較其他國家更嚴重時，該國的國際收支（balance of payment）就會出問題。如果A國政府偽造貨幣的速度較B國政府快很多，則A國物價上漲的速度將比B國更快。A國將會發現向B國買東西很容易，但是賣東西給B國卻很難。走到這個地步，A國的進口商品（該國所購買的東西）將會超過其出口商品（該國所販售的東西）。而這個進出口失衡直接的結果將是大量黃金從A國流向B國，用以支付過量的購買。但是，由於黃金數量有限，因此也不可能持續太久。

面對這樣的不均衡狀態，有好幾個可能的因應之道。A國政府可以對進口商品課稅（關稅），或是B國政府可以對出口商品課稅。兩國也可以設定配額以禁止貿易量超過某個程度。A可以讓該國貨幣**貶值**，以達到更利於出口商品和不利於進口商品的效果。抑或，B可以讓該國貨幣**升值**（revalue），以達到出口困難和進口容易的效果。然而，這些因應之道全都有問題。關稅和貿易配額將會阻礙貿易、專業化和國際分工。貨幣貶值和升值等做法，對於好不容易建立起來的國際貿易體系，極具破壞性和干擾。除此之外，幣值的漲跌並無法真正解決進出口失衡的問題，而且每當全世界不同貨幣的相對價值發生改變時，勢必會再發生貨幣危機。

由於世界刻正處於第七階段，因此尚難以追蹤其結果。然

而，有兩種型態似乎正在成形。其一是世界性的金融會議，布列敦森林（Bretton Woods）協議就是其中一例。在這類型的會議當中，最主要的「偽造貨幣者—支持通膨者」（counterfeiter-inflationist）齊聚一堂，討論該用何種方法補救他們的行為（當然這些人不會這樣看待自己的角色）。他們經常討論採納美國中央銀行制度的某種形式為全世界所通用；而且已有許多人提議在國際間建立一個相當於美國聯邦準備制度的機構。如果在全球間有一家像這樣強而有力的世界級銀行，其影響力就彷彿國家銀行之於自己的國家一般。這家世界級的銀行將有權迫使所有銀行同步抬高物價（促使通貨膨脹），也有權管理通貨膨脹，以確保除了這家世界級銀行之外，沒有其他力量可以偽造貨幣。不過，截至目前為止，因為每個國家的偽造貨幣中心都審慎護衛自己的權力，所以這樣一家世界級銀行迄今尚未成立。

另外一套由芝加哥大學米爾頓・傅利曼（Milton Friedman）所倡議的制度，則是「彈性匯率」（flexible exchange rate）制度。這套制度的運作方式為：每當兩國貨幣的價格或價值彼此不一致，它們可以自動調整。亦即，不同國家的幣值得以根據另一國的幣值而改變。這和先前在世界會議中所達成的協議形成了強烈對比，在這些會議中，幣值都是彼此**固定不變**的。有了這套彈性制度，如果A國的通貨膨脹率高於B國，那麼A國的貨幣相對而言將會供給過剩，導致幣值下跌，阻礙進口，並且讓該國出口品更具競爭力。相較於世界貨幣協議的固定匯率制，彈性匯率制最

大的一個好處就是，它是一套完全**自動化**的制度，因而可以避免
在固定匯率制之下，兩國相互幣值一變動就會發生危機的情況。

　　然而，由於這兩套制度都只是在表面上企圖壓制政府「偽造
—通膨」計畫的不良後果，因此兩套制度都無法獲得贊同。弔詭
的是，這些惡果竟然都是好事。就好像身體某部位的疼痛可視為
重病的警訊，因而對身體有益一般，國際收支的問題也可以是國
際間通貨膨脹威脅的一個訊號。企圖以彈性匯率制度掩蓋這些問
題，將使得世界經濟無力抵禦通貨膨脹的蹂躪。與其構思種種方
法來支持偽造貨幣以及相應產生的通貨膨脹，對於世界經濟和每
一個國家而言，比較好的狀況或許就是世界各國政府一起放棄這
些政策。

　　與此相關，人們忍不住會幻想關於財政部探員的故事，亦即
現代電視連續劇中的查緝偽幣者（"T" men）。他們致力於查緝偽
造貨幣的不法情事，身著「聯邦調查局現代風格」的高級服飾，
展現「鐵面無私」的強悍執法人員的典型。在電視上，探員們的
冒險活動經常是以他們走下財政部大樓階梯的情景作為開端。然
而，假如探員轉身走回大樓，**步上階梯**，**走進**上司的辦公室，並
且逮捕**那些人**，他們或將緝捕到全世界有史以來最大的偽造貨幣
集團。

　　至於有關私造偽幣者是英雄的說法，我們必須運用三個判斷
標準來檢驗其英勇事蹟。第一，不可侵犯無辜民眾的權利；第
二，必須對大多數人有利；第三，必須是個人冒著絕大風險所從

事的行為。

關於第三個判準，可說毫無疑問。非政府的偽造貨幣者在製造偽鈔時，確實冒了很大的風險，因為政府已經公然宣告這樣的行為是不合法的。再者，財政部斥資逮捕私製偽鈔者；政府也隨時準備要起訴所有被控製造偽鈔的人，並且拘禁所有獲判有罪的人。因此，偽造貨幣這項活動充分符合前述第三項有關「風險」的判準。

此外，私製偽鈔者的活動有益於公眾也是顯而易見，因為如果我們容許私人偽造貨幣，就會促使政府自身的偽幣制度崩解。私人偽造貨幣的活動越活躍，政府的偽造貨幣制度就越無效率。政府的偽造貨幣制度非常有害，光是這個事實，就使得非政府偽造貨幣的活動站得住腳了。（當然，私製偽鈔是違法的，因此我們不能提倡。但是將經濟理論的意涵說清楚講明白，對公眾還是有益的。）

有一種可能會遭到反對的說法是：如果私製偽幣者取得權力並取代政府，人們並不會過得比較好。此話當然不假；但事實是，私製偽幣者都只是一些微不足道的三流角色，而且他們無疑會繼續這個樣子。況且，這些人頂多只會帶來一些小麻煩。事實上，就是這個事實替私製偽幣者找到了有力的辯詞。他們並未對人們構成威脅；他們的能力既不會、也不太可能強大到這種程度。他們能造成的影響就是降低和反制政府偽造貨幣的大奸大惡。這對很多人來說是非常有利的。雖然少數人可能會因為這項

活動而蒙受損失，但總的來說，私製偽幣者所從事的活動是利多於弊。而且，我們必須記住，他們的活動並不帶有欺詐性質，因而不涉及道德範疇，因為他們並未意圖以偽鈔冒充真鈔。

小氣鬼
The Miser

　　自從狄更斯（Charles Dickens）在《聖誕歌聲》（*A Christmas Carol*）一書中對小氣鬼大肆攻擊以來，小氣鬼的名聲就沒好過。雖然早在狄更斯之前，小氣鬼便已飽受批評，但狄更斯在書中對主人翁史克魯基（Ebenezer Scrooge）的描寫，已成為小氣鬼的典型，並成為我們的民間傳說。的確，甚至在大一新鮮人的經濟學教科書中也是這樣，小氣鬼遭到厲聲譴責，被視為是失業、景氣循環以及經濟蕭條和衰退的罪魁禍首。在著名的、或有點聲名狼籍的「儲蓄的矛盾」（paradox of savings）中，修習經濟學的年輕學子都受到這樣的薰陶：對個人或家庭而言，儲蓄或許為明智之舉，但對於整體經濟而言，則可能是愚蠢之事。盛行的凱因斯教條主張，在經濟結構中，儲蓄金額愈高，可用於消費的支出就愈少；而消費愈少，工作機會就愈少。

　　該是釐清這些誤解的時候了。我們可以從儲蓄得到各式各樣的好處。打從第一個史前石器時代的穴居人儲藏播種用的玉米以利未來耕種，人類便欠貯藏者、小氣鬼和儲蓄者一份情。都是因

為那些不願一次耗盡其所累積的財富，寧可**節省下來**以備不時之需的人，使我們得以擁有邁向文明生活的資本設備。當然，這樣的人一定會比同伴更富有，甚至因此招致敵意。也許，儲蓄和積累的整個過程，隨同儲蓄者連帶遭到污名化了。然而這種敵意是不公平的，因為大眾所賺取的薪資和儲蓄者積聚錢財的速度息息相關。例如，美國勞工之所以較（比方說）玻利維亞的勞工賺更多錢，便是基於諸多理由：包括美國勞工的教育程度、健康情形和工作動機等，均扮演了重要角色。但是促成這項薪資差異的**最主要原因**，則是美國雇主儲存了比玻利維亞雇主高出許多的資本。而且，這並不是特例。貫穿整個歷史，儲蓄者向來有助於人們擺脫粗魯無文的狀態。

有人或許會反對說，**儲蓄**（saving）和**貯藏錢財**（hoarding）是不同的：前者在資本累積的過程中被認為具有生產力；後者則會抑制消費支出。而且，儲蓄者是把錢導向資本財產業，讓業者可以進一步利用；但被貯藏起來的錢卻是完全不事生產。論者以為，貯藏錢財使得零售商所賺的錢減少了，迫使他們解雇員工，並減少向中間商（jobber）下訂單。受牽連的中間商只得跟著裁員，削減向批發商的訂單。在這些守財奴的影響之下，整個過程將會在整個生產結構中一再重複。當勞工被解雇，他們用於消費的支出就更少，因而使得這個過程更惡化。也因為這個緣故，貯藏錢財被視為完全一無是處，而且極具破壞性。

要不是這個受凱因斯理論啟發的論點遺漏了一個重點——價

格變動的可能性，否則這套說法還真說得通。零售商在產品賣不完而開始裁員和削減訂單之前，通常會試著降低售價。他會舉辦特賣，或是運用其他相當於降價的技巧。除非問題是因為產品沒賣相，否則，利用上述方法就足以終止失業和不景氣的惡性循環。為什麼呢？

由於守財奴不願吐出錢來用於消費，也不讓錢用於購買資本設備，因此導致了貨幣流通數量的減少。至於市場上可取得的財貨和服務的數量則維持不變。由於在任何經濟體中，價格的一個最重要決定因素便是「貨幣數量」及「財貨和服務的數量」之間的關係，由此可見，守財奴成功地降低了物價水平。考慮以下這個比較簡化、又不至於失真的模型：經濟體中的所有金錢都用來標購所有的財貨和服務。因此，金錢愈少，每一塊錢的購買力就愈強。既然貯藏錢財的行為被視為降低了貨幣流通量，而且如果其他條件不變，貨幣流通量較少意味著物價較低，那我們不難想見，貯藏錢財促成了降價。

降價對大家沒壞處，反而，降價的一個最大好處就是，所有其他的人（非小氣鬼）均受惠於更便宜的財貨與服務。

此外，降價也不會導致經濟不景氣。的確，有部分銷路最暢旺的產品，其價格已經節節走低。在汽車、電視和電腦問世之初，其價格遠超過一般消費者能力可及。但是，技術效率的提升會不斷拉低價格，直到消費大眾負擔得起為止。不消說，不景氣或經濟衰退都不是由價格下跌所引起。事實上在這時候，唯一會

「……閉上嘴好不好，艾蒂絲！妳當年嫁給我的時候，就已經知道我不是個凱因斯主義者了！」

受到負面影響的，是那些遵循凱因斯理論、而且在需求減少之際仍不願降價的商人。但是，如同凱因斯主義者所辯稱，這類型的商人完全不會使經濟不景氣更加擴大，只會把自己弄到破產。至於其他商人，生意依然像往常一樣，只不過價格水平較低而已。由此可知，不景氣是來自其他原因。[1]

而認為貯藏錢財具破壞性，而且會不斷迫使經濟結構進行調整的反對意見，同樣也是無的放矢。即便真是如此，也無法構成守財行為的罪證，因為自由市場的好處就在於，它是一套會因應品味（taste）的歧異和變化而調整和調節的制度。據此而苛責守財奴的人，可能也必須批評推陳出新的服飾風格，因為後者不停地要求市場進行「微調」。守財甚至稱不上是一個極具破壞性的過程，因為儘管每個小氣鬼都把錢藏在床墊下，無數的守財奴後代還是會把錢搜出來。這從以前就是這樣，以後也不太可能會有重大轉變。

另外還有一些說法是毫無意義的，亦即小氣鬼死抓著的錢財是毫無生產力的，因為這些錢無法存入銀行生利息。如果是這樣，那我們是不是可以把人們放在皮夾裏的現金說成是一堆廢紙，因為它們也無法生利息？如果人們是出於自願，不想拿自己的錢來賺取利息而寧願保有現金，那麼從我們的觀點來看，這筆錢或許毫無價值，但站在他們的立場，這些錢絕非毫無用處。守

---

[1]　參見 Rothbard, Murray N., *America's Great Depression*, Van Nostrand, 1963.

財奴可能不想把錢用於往後的開銷，而寧可享受握有現金這份單純的**快樂**。受到效用極大化傳統薰陶的經濟學家，怎麼能夠將**快樂**說成是**不事生產**呢？何以私藏罕見畫作和雕塑品的藝術愛好者，就不會被說成是在從事一項毫無意義的事業呢？至於純粹出於樂趣，而不帶有投資目的貓狗飼主，也沒有被形容成是在做一項不事生產的活動。人各有所好，在某人看來是不事生產的事情，對於另一個人來說可能恰恰相反。

我們只能把小氣鬼死守大筆現金的吝嗇行徑視為是英雄事蹟，因為正是這種行為，讓我們享有較低的物價水平。而我們所擁有、而願意支出的金錢，也因此變得更有價值，購買者可以用等量的金錢，買到更多的東西。小氣鬼非但一點也不會危害社會，甚至還是非小氣鬼的恩人，因為每當他又努力地囤積財富時，我們的購買力就又增強了一些。

紈袴子弟
The Inheritor

　　紈袴子弟經常被描述為沒有責任感、遊手好閒、懶散成性，過著不勞而獲的奢華生活。這或許是大多數這類人的寫照，但絲毫無損於紈袴子弟所扮演的英雄角色。

　　遺產只不過是禮物的一種形式，一份基於有人死亡而獲贈的禮物。如同出生、生日、婚禮、結婚紀念日和假期等場合所贈送的禮物一樣，遺產也可以被定義為一方自願移轉給另一方的獎酬。因此，人們不可以在反對遺產的同時，卻偏愛其他形式的禮物。然而，很多人就是這樣。他們對於遺產的偏見，乃是受到以下這個畫面的影響：「竊賊」將所取得的不義之財遺留給他們的孩子。他們看見統治階級成員並非經由正當交易累積財富，而是透過政府的補助、關稅和特許保護，並且把他們積累所得遺留給後代。這樣的做法當然應該被禁止；而根絕遺產似乎正是解決之道。

　　然而，除非其他各式各樣的禮物都被取消，否則，要消除遺產是不可能的。即使是採行經常被提議作為消除遺產的手段──

「滾蛋，人渣！」

課徵百分之百的遺產稅——也無法做到這點。因為，如果我們允許其他類型的禮物存在，那麼就可以輕易地規避稅賦。只要假藉生日禮物、耶誕賀禮等名目，就可以把金錢和財產轉到他人名下。父母甚至可以把要留給小孩的禮物交付信託，待父母過世後，就可以在孩子的下一次生日時移轉給他們。

要解決不法取財、白領犯罪等問題，應該不是防止下一代取得不義之財，而是要一開始就讓人們無法經由不正當手段取得錢財。我們應該把注意力鎖定在取回不法錢財，並將之歸還受害者。

我們可以把百分之百的遺產稅，說成是「次佳」政策嗎？由於我們無法奪回罪犯所取得的不義之財，因此便將全副心力用於阻絕他們有機會將財產轉給孩子？這個做法是相互矛盾的。如果我們是因為白領罪犯控制了司法制度而無法將其繩之以法，那麼很顯然地，我們也無法向他們課徵到百分之百的遺產稅。

事實上，即使制訂並執行了這樣的稅賦，我們對於平等主義（egalitarianism）——真正促成所有類似提議——的想望，亦將受挫。因為真正的平等主義不只意味著平均分配財富，還包括平均

〔前頁圖文，左至右〕
給窮人公平的一份！
向有錢人課稅
窮人要求……
課徵百分之百的遺產稅

分配非金錢的報酬。平等主義者如何去除存在於以下這些人之間的不平等現象：明眼人和盲人；有音樂天賦和沒有音樂天賦者；美麗的人和醜陋的人；天資聰穎和資賦平庸的人；生性樂觀和有憂鬱傾向者？平等主義者該如何從中調解？我們可以向那些「太快樂」的人收錢，然後發給那些「不太快樂」的人做為補償嗎？一個樂觀的性格值多少錢？每年十美元可以換得相當於五個單位的快樂嗎？

這種荒唐可笑的態度，可能會促使平等主義者採行「次佳」政策，諸如短篇故事〈哈利森・柏隆〉（Harrison Bergenon）──收錄在馮內果的短篇集《歡迎到猴子籠來》[1]──中那位獨裁者的做法。在故事中，強壯的人被迫扛重物，只為了壓抑他們和其他人處於相同水平；有音樂天分的人被迫戴上耳機，播放著和其音樂秉賦成正比的駭人巨大音響。這就是對於平等主義的渴望順理成章會把我們帶往的方向。廢除金錢遺產只不過是第一步。

介於「我們所熟知的文明」和「一個不允許天賦或快樂玷污平等的世界」之間的，正是財產繼承人和繼承制度。如果我們珍視個體性和文明，那麼這些紈袴子弟應該受到其理所應得的尊敬。

---

[1] Vonnegut, Kurt, *Welcome to the Monkey House*, Dell, 1970. 中譯本參田出版。

高利貸業者
The Moneylender

　　高利貸業者從聖經時代（Biblical times）被逐出教堂以來，便飽受輕蔑、批評、誹謗、迫害、訴訟和諷刺之苦。莎士比亞在《威尼斯商人》（*The Merchant of Venice*）將高利貸業者描述成一個急著向借款人索求「一磅肉」的猶太人。在電影《血印》（*The Pawnbroker*）中，高利貸業者則是令人憎惡的對象。

　　然而，高利貸業者及其「近親」，包括放債者（usurer）、當鋪老闆（pawnbroker）和地下錢莊（loan shark）其實是遭到嚴重誤解了，儘管他們提供了一項必要且重要的服務，但是卻極不受歡迎。

　　出借或借入金錢的行為之所以會發生，是因為人們的「時間偏好率」（rate of time preference，亦即他們願意以目前擁有的金錢換取未來進帳的比率）不同所致。A 先生可能**此時此刻**亟需用錢，但不太在意未來可以擁有多少錢；因此，他願意放棄**來年**的200美元，但求**現在**就擁有100美元。我們可以說，A 先生的時間偏好率非常**高**。在光譜另一端則是時間偏好率非常**低**的人。對他

們而言，「未來進帳」幾乎和「手邊有錢」一樣重要；因此，時間偏好率低的B先生，願意放棄目前擁有的100美元，只為了在未來換取區區102美元。比起在乎手上的錢遠高於未來進帳的A先生，B先生不會只為了留現金在手上，而放棄大筆的未來收入。（應該注意的是，**負的**時間偏好率並不存在，亦即，偏好未來進帳更甚於手邊現錢。因為那等於是說，有人寧可現在放棄100美元，只為了在未來獲取95美元。這是不合乎理性的，除非在時間偏好之外，還有其他因素作祟。例如，人們可能花錢為目前並不安全的錢財買保障，但往後一年卻可以高枕無憂等。抑或，人們可能會為了想好好品嘗餐後甜點，而把甜點延遲到用完晚餐之後再上。無論「餐前點心」和「餐後甜點」在實體上何其相似，但由於品嘗的時間點不同，因此，這兩種餐點應被視為不同的商品。由此可見，就「同一件商品」而言，並沒有所謂偏好未來甚於現在的現象存在。）

雖然情況不盡然如此，但通常時間偏好率高的人（A先生）會變成一個**借款人**，至於時間偏好率低的人（B先生），則會成為**放款人**。例如，A先生很自然地會向B先生借錢。為了即刻取得100美元，A先生會願意放棄來年的200美元；而如果B先生可以在一年後取得至少102美元，那麼他也會願意在此刻借出100美元。如果他們同意目前所借貸的100美元，一年後必須償還150美元，那麼兩人都是贏家。以A先生原先為了即刻取得100美元而願意放棄的200美元，扣掉他一年後實際必須支付的150美

元，他將賺得50美元的差價。至於B先生，以他一年後實際取得的150美元，扣掉他原本願意放棄現在100美元而接受來年的102美元，他將賺進48美元的差價。事實上，由於放高利貸是一項交易，因此就像其他任何交易一樣，借貸雙方都必須有所得，否則他們將拒絕參與。

我們或許可以把高利貸業者界定為一個「出借自己的錢或別人的錢」的人。如果是出借別人的錢，那麼高利貸業者的角色就是借款人和放款人的中間人。無論是哪一種情況，高利貸業者就和其他商人一樣誠實。他並沒有強迫任何人和他有金錢上的往來，而他自己也是出於自願。就像各行各業都會有人不誠實一樣，當然也會有不正直的高利貸業者。但是就放高利貸本身而言，當中並無涉及欺詐或是應當受到譴責。因此，部分持有這類觀點的評論，著實應該進一步檢討。

1.「放高利貸之所以聲名狼籍，是因為它往往牽扯上暴力行為。無力還債的借款人（或者說是受害者）經常被謀害——通常是地下錢莊幹的。」然而，由於向高利貸業者借錢的人，通常會簽下借貸兩造完全同意的契約；因此，如果某人先是同意償還貸款，稍後卻違背契約承諾，那麼這人就很難說得上是受害者。相反地，高利貸業者才是受害者。

如果借了錢卻不還，這個情況形同偷竊。簽訂契約「借錢」、之後卻拒絕償還，無異於闖入高利貸業者辦公室偷錢。無

「我一點都不驚訝！昨天《華爾街日報》才報導說，今年第一季的倒帳率上揚了 8.9%。」

論是「借」錢或「偷」錢，其結果都是一樣的——有人佔用了不屬於他的錢。

殺害借款人是一種不當的過度反應，就像謀殺竊賊一樣。然而，高利貸業者之所以罔顧法律，毫不猶疑地採取暴力手段、甚至謀殺，主要是因為放高利貸乃是由黑社會所控制。但是，黑社會所握有的控制權，幾乎是順應公眾需求而產生！當法庭不願強迫借款人償還債務，而且還禁止高利放款，黑社會就會介入。每當政府立法禁止有消費需求的商品——無論是威士忌、毒品、賭博、娼妓或高利貸——黑社會就會進入奉公守法的商人怯於提供服務的產業。威士忌、毒品、賭博、娼妓或高利貸本身並非犯罪行為，純粹是因為政府的立法禁止使得黑社會有機可乘，將其犯罪手法滲透到這些領域。

2.「金錢本身完全不事生產，因此，對金錢的使用收取利息，乃是剝削行為。而收取不正常高利率的高利貸業者，正是經濟體制中極盡剝削之能事的一群。他們受到咒罵完全是罪有應得。」

早一點擁有金錢，除了可以購買財貨和服務之外，還讓人免除了等候滿足之苦。因此，借錢其實是一項頗具生產性的投資，因為到了借款期限終了時，甚至在支付利息之後，人們所獲得的財貨和服務都比他們一開始時為多。

至於那些「過高」的利息，我們應該這樣理解：在自由市場

上，利率通常是由全體經濟參與者的時間偏好而決定的。如果利率超乎尋常，市場往往就會出現多股力量將之往下壓。例如，如果利率高於借款者的時間偏好率，那麼貸款將會供過於求，利率自然會被迫調降。如果利率毫無降低的傾向，這就表示利率不會太高，因為只有那樣高的利率才能使貸款的供需達到均衡，並且滿足經濟參與者的時間偏好。

批評高利率的人，心中存有一個「合理的」利率。但是所謂「合理的」利率或「適當的」價格其實並不存在。這是一個「開倒車」的概念，使我們退回到中世紀僧侶所爭辯的「針頭上可以放進多少天使」（how many angels can fit on the head of a pin）這個（存在主義式的）問題。如果「合理的」利率這說法有任何意義的話，它只能是兩個合意成年人彼此同意的利率，而那正是市場利率。

3.「高利貸業者向窮人收取高於其他借款人的利息。」

常見的迷思就是，放款人幾乎都是富人，而借款人幾乎都是窮人。然而，事實並非如此。真正決定一個人是借款人或放款人的關鍵因素，是取決於其時間偏好率，而非收入多寡。發行債券的有錢大企業就是借款人，因為出售債券就代表公司借得一筆款項。絕大多數擁有經抵押的不動產的有錢人，也幾乎都是借款人，而非放款人。從另一個角度看，每一個在銀行有個小額存款的貧窮寡婦或退休老人，都是放款人。

高利貸業者確實向**窮人**收取了高於其他人的利息，但這種說法可能有誤導之嫌，因為高利貸業者其實是針對**風險較高**的人收取較高利息，和個人貧富無關。

因此，為了降低倒帳風險，利率的高低端視：萬一借款人還不起貸款，放款人能否取得擔保品或房地產。既然富人比窮人更有償債能力，他們的貸款利率自然較低；然而，原因並非他們比較有錢，而是因為萬一還不出錢來時，放款人的損失可能比較小。

這樣的情況並無任何不當或特殊之處。由於窮人的房子比富人的房子更不防火，因此窮人得支付較高的火險費。因為窮人比較不健康，因此他們被收取較高的醫療照護費用。窮人的飲食成本也比較高，那是因為他們的居住地犯罪率較高，連帶使得鄰近地區經商成本較高所致。不消說，這很令人遺憾，但這並非社會仇視窮人所造成的結果。就像健保公司和食品雜貨商一樣，高利貸業者只是為了讓他的投資有保障而已。

試想，如果立法禁止**放債者**（可定義為收取高於法律所許可利率的業者），其結果將是如何。既然支付高利率的是窮人而非富人，因此這項法令首當其衝者便是窮人。至於禁令所造成的效應，如果說在貧富之間有任何差別的話，那就是會**傷害窮人，造福富人**。雖然法律似乎意在避免窮人支付高利率，但實際上，那只會讓他們完全借不到錢而已！如果高利貸業者必須在以下兩者之間做選擇，亦即以他們認為過低的利率借錢給窮人，或是一毛

錢也不借，那麼，不難想像他們會怎麼做。

　　想想看，高利貸業者會拿這筆要不是因為法令禁止，否則應該借給窮人的錢怎麼辦？他們會只借錢給富人，因為倒帳風險最低。此外，這也會造成富人借款利率降低的效果，因為在市場上，供給愈多，價格就愈低。禁止過高利率是否公平合理的問題，並不在我們的討論範圍內，我們只在探討這樣一條禁令所造成的**後果**——而情況顯然是：遭殃的將會是窮人。

不支持慈善事業者
The Non-Contributor to Charity

　　我們深信，行善將會得到庇佑。捐助慈善事業代表善良正直、合乎禮節、樂於助人、公正誠實、值得尊敬、利他主義和令人喜愛。不支持慈善事業的人，將會遭到蔑視、嘲笑、懷疑和憎惡。至於拒絕捐獻給慈善事業的人，則被視為低等公民。

　　這項社會義務得到許多乞丐、募款人、神職人員和其他「貧困」團體的支持。宗教界和媒體界訓誡我們要行善；乞丐、嬉皮、小兒麻痺病童、殘障者、無依無靠者、赤貧階級和失敗者也勸我們要多做善事。

　　捐助慈善事業本身並非罪惡。當這項行為是出於有責任感的成年人自願做出的決定，就不算違反個人權利。然而，慈善事業隱含了危險性，因此我們大有理由拒絕行善。此外，慈善事業所憑藉的道德哲學，有著嚴重的瑕疵。

慈善之惡

　　慈善事業最重大的罪惡之一、同時也是拒絕行善最具說服力

的理由之一就是：慈善事業干擾了人類的生存。根據達爾文演化論的「適者生存」原則，最有能力在任何特定環境下存活的生物（organism），將會「自然地雀屏中選」——亦即較有可能活到生育年齡，因而繁衍後代的機率較高。長此以往，這個物競天擇過程的一個結果就是：出現一個生存能力較強的物種。這當中並沒有論者向來所宣稱的強「凌」弱的意涵。這只表示，在物種的繁衍上，強者將比弱者更成功。所以，此一物種將會茁壯興旺。

某些人堅決主張物競天擇法則並不適用於現代文明。他們所指的正是人工洗腎機、開心手術，和其他科學、醫學上的重大突破，並且辯稱達爾文的生存法則已被現代科學所取代。因為那些感染疾病還有基因有缺陷的人，過去雖然會早死，如今卻可以存活下來，並繁衍後代。

然而，這並不表示達爾文法則不再適用。現代科學的進展並沒有「推翻」達爾文的演化論，這些重大突破只是改變了這個理論所適用的特定情境。

在過去，人類生存的大敵，可能是因為不健全的心臟，或是功能失調的腎臟。但是，隨著現代醫學的進展，藥石罔效愈來愈無法構成物競天擇的重要依據。而變得比較重要的是，生活在一個擁擠地球上的能力。不利於生存的人類特質包括：對煙霧過敏、愛爭辯或逞兇鬥狠等。諸如此類的特徵極可能減損一個人長大成人的能力，同時降低人們進入（較有可能繁衍下一代的）婚姻或就業等情境的機會。由此可見，如果達爾文法則能夠自然發

「繼承你自己的遺產去！」

展的話，這類負面特質終將消失無蹤。但如果慈善事業持續擴大，這些有害的特質將會禍延下一代。

這類慈善事業所招致的危害固然無可否認，但是當它落在私領域，其影響範圍就會受到某種「適用於贈與者的達爾文法則」所限制：贈與者將承擔自己造成的傷害。彷彿是受到亞當・斯密那隻「看不見的手」所引導，他們終將減少付出。比方說，如果父慈母愛的行為是「溺愛小孩」，那麼這份慈愛的某些苦果就必須由父母親自己來嚐。不斷接受雙親寬容慈悲的受寵子女，往往會漸漸耗盡給予者的好意。（許多在一九六〇年代支持其成年「嬉皮」子女的父母，在飽嚐此舉的苦果時，便中斷了這類援助。）私人慈善還有一個先天的限制，那就是任何私有財產都是有限的。然而，公共慈善事業的情況卻截然不同。

公共慈善事業幾乎沒有天然的阻礙；而且，因為其不良後果而導致慈善事業減少的情形，確實很罕見。交由政府支配調度的財產，只會受到兩件事的限制：亦即政府對於稅賦的要求，以及政府向不情願的大眾徵稅的能力。

美國在一九五〇和六〇年代的外援計畫，正是說明此一現象的好例子。美國政府以高於市場的價格向農民收購農產品，導致農產品出現大量剩餘，使得政府必須撥出更多經費再行收購。由於這批農產品有許多是送往印度等國，因而導致這些國家本地的農業，幾乎被這種補貼出口的農產品所打垮。

其他有關政府「慈善」的不良後果，許多社會科學家向來都

有記載。威廉‧東姆霍夫（G. William Domhoff）在《上流社會》（*The Higher Circles*）[1] 一書中指出，諸如工人傷殘賠償、勞工團體協商、失業保險和福利方案等「慈善」制度，儘管廣為接受，但發起者並不是窮人的捍衛者，而是富人。這些方案其實有助於富人自身的階級利益。這種國營慈善制度的目的並非在富人和窮人之間進行財富重分配，而是為了收買窮人當中的潛在領導人，讓他們和統治階級的霸權建立連結；此外，這套制度還供養了一批知識分子，使他們潛心說服粗心的大眾：政府慈善實際上是在照顧他們。

同樣地，法蘭西斯‧派文（Frances F. Piven）和理察‧克勞德（Richard A. Cloward）在《管制窮人》（*Regulating the Poor*）[2] 一書中指出，福利制度的「慈善」機構，最主要不是要濟助窮人，而是要壓制他們。這當中的**伎倆**就是讓福利大餅不在需求殷切時增加，而是在社會動盪不安時增加；不在富裕時減少，而是在社會穩定時減少。因此，福利制度就是一種「麵包和競技場」（bread and circus），以類似食物和娛樂等小恩小惠來控制民眾。

慈善背後的哲學

儘管存在著這些問題，還是有人認為：有能力行善是一種受

---

[1] Domhoff, G.William, *The Higher Circles*, Random House, 1970.

[2] Piven, Frances F., and Richard A. Cloward, *Regulating the Poor*, Random House, 1971.

到庇佑的狀態，因此他們把捐獻視為是道德上的義務。抱持這種想法的人，一旦有能力的話，將會迫使人們做善事。然而，任何行為如果帶有義務性質在裏頭，就稱不上慈善，因為慈善的定義是**自願地**給予。如果個人是**被迫**付出，那麼他就不是慈善事業的捐贈者，而是搶劫案的受害者。

儘管有違邏輯學和語言學的法則，但對於想強迫人們行善的人而言，最重要的就是讓所有人對於「救助不幸之人」產生責任感、義務感和道德上的必要性。這樣的說法奠基於一個前提，亦即「每個人都是我們兄弟的看守人」（典出《創世紀》4:9該隱不認為自己是弟弟亞伯的看守人）。

然而，這套哲學牴觸了道德規範的一個基本前提──亦即，要人們做道德之事，最起碼都是**有可能的**。如果有兩個分處不同地域的人，**在同一時刻**都亟需約翰的救濟，約翰絕對無法同時對**兩人**伸出援手。如果約翰**無法**協助兩個貧窮的人，但由於協助這兩人是「兄弟看守人」此一道德規範的必要條件，那麼很顯然地，即使是心懷善意，約翰還是**無法**成為有道德的人。而如果一個人出於一片好意，還**無法**變成合乎道德的人，那麼這套說法就不正確。

「兄弟看守人」這套道德觀的第二個根本缺點就是，無論其擁護者了解與否，此一觀點在邏輯上要求人們做到**絕對的收入均等**。切記，這個道德規範認為和擁有較少者共享財富，乃是擁有較多者的道德責任。擁有一百美元的亞當必須和只有五美元的李

察分享財產，而藉由分給李察十美元，亞當現在只剩九十美元，李察則是擁有十五美元。人們可能會認為，亞當已經依循了「分享哲學」。然而，這套哲學主張的是，和較不幸的人共享財富乃是所有人的義務，但現況顯然是，亞當所擁有的**還是**比李察多。因此，依據「兄弟看守人」的道德觀，如果亞當期盼自己的行為合乎道德，那麼他必須再次把錢分給李察，直到李察所擁有的財富不再少於亞當，這個分享的行為才能終止。

絕對的收入均等（亦即兄弟看守人道德觀的必然結果）這個信條，並不容許任何人比收入僅可餬口的最無助者享有過多的財富。因此，兄弟看守人的哲學和人們天生想要改善自身命運的雄心壯志，形成直接且無法調和的對立。信奉這套道德觀的人，在這個自相矛盾觀點的折磨之下，其再自然不過的結果就是虛偽。對於那些自稱是兄弟看守人哲學的**實踐者**，卻在世界上各個角落的人面臨饑饉的同時，還擁有豐富存糧、電視、立體音響、汽車、珠寶和房地產的人，我們還能有什麼話說？他們斷然地堅稱自己對於平等奉行不渝，但是卻否認其豐厚資產與這項承諾有任何牴觸。

這些人提供的一個解釋是，擁有相當數量的財富和福利，是讓他們維持工作的必要條件，而保住飯碗則是可以讓他們賺取收入以捐贈給不幸之人。顯然地，兄弟看守人必須維繫其「看守」兄弟的能力，一點兒都沒錯。兄弟看守人的哲學，並不是要看守人自己死於饑饉。

　　這些富有的兄弟看守人，等於把自己看成是「理性蓄奴者所擁有的奴隸」。因為，如果奴隸要為主人從事生產，他或她就必須至少在最低限度上，擁有健康、舒適，甚至滿足感。富裕的兄弟看守人實際上是為了他所濟助的受壓迫者的利益，而使**自己**遭受奴役。他已經積累了為了侍候其同胞所需的財富；而其財富和生活水平，只不過是到達一個理性、追求最大利潤的蓄奴者允許其奴隸所享有的程度。根據這樣的論點，他所擁有的一切，就只能到達這個限度，而且也只為了以下這個目的：增加和（或）維持足以協助不幸之人的經濟能力。

　　要一個住在狹小、簡陋閣樓的兄弟看守人，在為自己所擁有的財產提出解釋時**能夠**據實以告，或許還有那麼一點點可能；但是對於自稱實踐了兄弟看守人的道德觀、收入中等的人而言——例如一名年薪一萬七千美元、住在紐約市合作公寓（cooperative apartment）裏的公務員——他有可能會這麼做嗎？他再也無法鄭重地辯稱，他所積聚的財產乃是維繫其生產力的必要條件——尤其是當這些財產其實是可以出售牟利，大大地資助受壓迫者的時候。

　　綜上所述，捐獻慈善事業非但一點也不是受庇佑的活動，反倒會造成不良後果。除此之外，慈善所依據的道德理論充滿了矛盾，而且會使得受到這套理論壓迫的人，變成偽善之人。

Part 6 | 商業與交易

Business and Trade

拒賣財產的老地主
The Curmudgeon

　　你可以試著想像一下，當不動產業者試圖將市區裏一棟破敗的公寓，重新規畫為現代化的綜合大樓，附設花園、游泳池、陽台和其他舒適的生活必備設施時，會遭遇哪些問題。當然會有許多問題產生，其中一部分源於政府阻撓（區域劃分法、建照規定，以及為了讓建築計畫通過所進行的賄賂等）。這些問題在現今非常普遍且荒謬。然而，在某些情況下，更嚴重的問題則出在擁有產權，而且就住在其中最破舊公寓裏的老地主。由於他實在太喜愛自己的房子，因而不願以任何價格出售。即使建商開出天價，他仍斷然拒絕。

　　這個老地主，可能是一位矮小的老太太或尖酸的老先生，長期來便積極捍衛自己的家園，以免遭受公路建商、鐵路巨擘、礦業公司，或水壩和灌溉控制計畫的侵害。事實上，許多西部電影的情節，就是以此類抗爭為基調。甚至立法機關所制訂的徵用權（eminent domain）相關法規，也都是受到老地主及其盟友的啟發。他的形象，向來就是頑強阻撓進步的障礙，腳底像是生了根

似的堵在路口；至於他的名言，則是尖銳且挑釁的「不」。

　　類似情況隨處可見，而且被當成妨礙進步和大眾福祉的證明。然而，這個普遍的想法卻是錯的。事實上，被描述為阻撓進步的老地主，代表了獲得經濟發展的最大希望之一：財產權制度。他所遭受的辱罵，只是一種掩護，外界真正要攻擊的對象，其實是「私有財產」這個概念本身。

　　如果說，私有財產具有任何意義的話，其意義便在於：財產所有人有權決定如何使用財產——只要使用方法不會影響到其他財產所有人，及他們使用自己財產的權利。就拿徵用權的例子來說，當國家是在財產所有人非自願選擇的情況下，強迫其放棄產權時，便是限制了私有財產權。

　　有關私有財產的兩個主要論點，可分成道德面和實際面。從道德面來看，首先要提出的是，每個人都是自己完整的主人，也完全擁有自己的勞力所得。人們擁有自身及其產出的原則背後，正是**植拓**（homesteading；參見黃春興導讀）或**自然治理**（natural governance）的原則。每個人之所以都是自己的主人（natural owner），是因為按照常理，人會控制自己的行為。根據植拓原則，每個人既然擁有自己，當然也就擁有自己所生產的事物——那些他迄今尚未擁有的本質，如果加上他的勞動，就可以轉化為具生產力的主體。這些主體要變更所有權，唯一合乎道德的方式是透過自願交易和自願贈與。而這些方式之所以符合原主人的自然植拓權（natural homesteading rights），是因為原主人乃是按照

自己的意志，經由這些方法而自願放棄所有權。

　　且讓我們假定老地主擁有的財產，正是透過這個自然植拓的過程取得。若是如此，這項財產一度應該是屬於原定居者（original homesteader），並以自願銷售或贈與的形式移轉土地產權。經過一連串自願性的交易，而且完全符合植拓原則，這塊土地於是落入老地主手中；換句話說，他是合法取得土地所有權的。

　　任何未經老地主同意而強奪土地的企圖，都是違反了植拓原則，因而是不道德的，而且是對無辜者的一種攻擊行為。（土地遭竊也會引發類似問題。事實上，地球上大部分的土地都符合這個判斷標準。在這類情況下，只要能夠證明〔1〕這塊土地確實遭竊取，並且〔2〕找得到土地的合法所有人或繼承人，則此人的所有權就必須獲得尊重。至於其他狀況，我們則必須將土地的實際所有人視為合法所有人。當土地所有人是原定居者，或是找不到合法主張擁有土地的人時，則目前的土地所有人便足以擁有實際〔de facto〕所有權。）

　　當老地主反抗私人企業覬覦他的財產時，許多人都支持他們，因為人們非常清楚，一個人的私利無權侵犯另一個人的私利。然而，當覬覦老地主財產的是國家時（往往是祭出徵用權法），情況似乎就不同了。人們假定國家代表了全體人民，老地主則被看成進步的路障。但在許多時候（即使不是全部），政府的徵用權法卻是用來助長私人利益。例如，許多都市更新（urban relocation）計畫便是操縱在私立大學和醫院手中。絕大部分藉徵

「夠了！我已經受夠了這些懇求和誘騙！我以校長的身分告訴你——
我們總有辦法在你的土地上興建本校的人文大樓。所以，給我小心
點，黑鬼！」

用權法徵收的私人財產，其實都是為了滿足遊說團體和其他壓力團體的特殊利益。為了建造紐約市的「林肯表演藝術中心」（Lincoln Center for the Performing Arts）而徵收土地就是一例。這塊地被徵收用以發展菁英文化（high culture）。人們被迫以政府願意支付的低價出售土地。任何人只要看看支持興建林肯中心的名單，就會知道這個中心究竟是為誰服務。他們幾乎都是統治階級的**權貴人士**。

在考量私有財產權的第二套論點（也就是實際面）時，其中有一點乃是基於管理權（stewardship）這個概念。論者主張，在私人管理權之下，財產將能獲得「最好的」照顧。**誰**來控制這塊土地並不重要；重要的是所有的財產都要私有化、財產之間要精確劃清界線，而且受迫性或非自願性的產權移轉是不被允許的。若這些條件都能達到，而**自由放任**（laissez faire）的市場也得以維持，那麼「疏於管理」財產的人將會失去原本可以獲得的利潤，管理有方者則可以累積財富。因此，管理能力較佳者終將因為有能力額外置產，而擁有更多土地；至於不善管事者，則會漸漸失去土地。因此，管理者的平均水準將會提升，而整體而言，土地將會受到更好的照顧。藉由獎勵優秀管理者和懲罰拙劣管理者，這套管理權制度將會日漸提升管理者的平均水準。這是一個自動的機制，無須政治投票、政治淨化，也無須大驚小怪或大肆誇耀。

當政府用貸款和補助的方式，介入並扶持因管理者無能而搖

搖欲墜的企業時，將會發生什麼事？答案是，管理權制度的效能就算沒有全部被摧毀，也會受到損害。在政府補助下，這些爛公司無須承擔管理不善的後果。政府的這類違法情事可以許多形式呈現──授予特定個人或團體特許經營權（franchise）、執照和其他壟斷優勢；藉由課徵關稅或配額的方式，保護本地效率不彰的「應受保護者」，以對抗高效率的國外管理者的競爭；提供政府契約，侵害大眾選擇消費對象的權利。上述保護措施的功能都一樣，亦即，讓政府得以介入「被保護的爛公司」和「選擇不光顧爛公司的大眾」之間。

　　萬一政府是以相反的方式介入呢？萬一政府試圖加快善於管理者收購土地的過程呢？既然在自由市場裏，所謂管理得當的象徵就是成功，那麼為什麼政府不能單純就當前財產和財富的分配情形進行分析，查明誰是成功者，誰是失敗者，然後將窮人的財產全數移轉給富人？這個問題的答案是：市場制度會**自動**運轉，日復一日地進行調整，以即時回應不同管理者的能力。當政府想加速金錢和財產由窮人移轉給富人的過程時，則只是基於管理者過往的表現。但誰也不能保證未來會和過去一樣；而且過去很成功的企業家，未來也未必一樣成功！同樣的道理，我們並不知道，現在的這群窮人當中，是否有誰具備了最終在自由市場上功成名就的天賦。由此可知，基於**過往**成就的政府計畫，將流於武斷而且帶有預謀。

　　如今，老地主成了「落伍者」、窮人以及拙劣管理者（按照

所有標準來看）的象徵，因而成為政府計畫最先下手的目標，因為這類計畫的目標就是加快市場過程，以利善於管理者取得更多土地；反之，不善於管理者則會失去土地。但誠如我們之前所見，這項計畫注定要失敗。

第二個從實際面來為私人財產辯護的看法，或可稱為**人類行為學的**（praxeological）論點。這個觀點專注於「由誰來評估交易」這個問題上。根據這個看法，自願性交易唯一的科學評估方式就是：交易雙方在**事前**（ex ante）便已知有利可圖。亦即，在交易當下，雙方都認為他們將得到的，比他們在交易中必須放棄的更有價值。除非在交易當下，雙方都認為得到的東西比放棄的更有價值，否則自願交易將無從發生。因此，從事前的角度來看，交易根本不會出錯。然而，從**事後**（ex post）的角度來看（即交易完成之後），就比較容易出錯，因為人們可能改變對於交易的評價。不過，在大多數時候，交易通常能夠反映出交易雙方的渴望。

對於被指控阻撓進步，而且妨礙財產從無能者自然移轉給較有能力者的老地主而言，上述內容和他的處境有什麼關係？根據人類行為學家的看法，針對「他難道不該把財產轉賣給更能有效管理的人嗎？」這個問題，答案就是大聲的說「不」。從科學的角度來看，我們唯一能做的評估就是：交易是否建立在自願的基礎上。從事前的角度來看，自願性的交易是好的。如果老地主拒絕交易，也不可能得出負面評價。我們只能說，老地主認為他的

土地價值遠比不動產業者所願意或能夠支付的價格還高。既然人與人之間對於效用（utility）或福利（welfare）的評價，是沒有科學依據可言的（連要測量這些事物的單位都找不到了，遑論在不同的人之間進行比較），那麼指稱老地主拒售財產將造成傷害或滋生問題的說法，也就欠缺合理基礎。老地主的決定固然阻撓了不動產業者的目標；但換個角度想，不動產業者的目標不也正好妨礙了老地主的目標嗎？無庸置疑，老地主並沒有義務要壓抑自己的渴望來滿足其他人。然而，當他持續以正直和勇氣面對龐大的社會壓力時，卻經常成為不公平的譴責和批評的對象。我們必須阻止這樣的情形一再發生。

貧民區惡房東
The Slumlord

對許多人而言，貧民區惡房東（slumlord）——又稱為貧民區地主和租金榨取者——證明了有人可以在還活著的時候，就得到了撒旦般的形象。他們身為惡毒詛咒的接受者、偏好巫毒術的房客要扎針的「針墊」，又剝削弱者，惡房東無疑是當今最受憎恨的人物之一。這樣的指控有許多層面：他收取了高得不近情理的租金；他任由自己的房子荒廢失修；他的公寓都用會毒害嬰孩的廉價含鉛油漆粉刷，而且他縱容毒販、強暴犯和酒鬼去騷擾房客。剝落的灰泥、多到滿出來的垃圾、無所不在的蟑螂、漏水的馬桶、塌陷的屋頂及火災，構成了貧民區惡房東的整體形象。而唯一能夠在他的房子裏活得好好的生物就是老鼠。

這樣的指控雖然非常嚴厲，但都是假的。貧民區住宅的地主和其他販售低成本商品的供應商幾乎沒有差別。事實上，他與販售任何一種商品的任何商人根本沒有差別。他們全都盡可能地收取高價。

首先，將廉價、劣等和二手商品的供應商視為某一種人

（class）。關於他們買賣的商品，其中最為突出的特性就是：廉價
製造、品質粗劣或二手舊貨。一個理性的人並不會期待以低廉價
格取得高品質、做工精緻或高級的新品；如果廉價商品事後證明
只有低廉品質時，他也不會感到憤怒或受騙。我們對人造奶油
（margarine）的期待，不會等同於對天然奶油（butter）的期待。
我們會滿足於二手車有較差的品質，但如果新車品質欠佳，我們
就會很不滿意。然而，牽涉到住房的時候，尤其是在都會區的情
境下，人們卻會期待、甚至堅持要以低廉價格取得優質房屋。

那麼指稱貧民區惡房東拿他的破房子收取過高租金，又該怎
麼看？這是錯誤的指控。每個人都會設法為他所生產的東西盡可
能地收取最高價格，也會設法為他所購買的東西盡可能地支付最
低價格。房東會這樣做，工人、弱勢族群成員、社會主義者、保
姆和社區農民（communal farmer）也會這樣做。即使是存錢應急
的鰥夫寡婦和養老金領取者（pensioner），也會試著為他們的積
蓄盡可能地爭取最高利率。如果人們覺得貧民區惡房東是可鄙
的，那麼按照這個推論，所有的人都必須受到譴責。理由是當他
們試圖要盡可能獲取最高報酬時，他們也是以相同的方式「剝
削」向他們購買或租用服務及資本的人。不過，他們當然並不可
鄙──至少不是因為他們渴望從自己的產品和服務中，盡可能地
獲取高報酬。所以，貧民區惡房東也不可鄙。破舊住宅的房東之
所以會被放大檢視，幾乎是出於人類一部分的基本天性──渴望
進行交易和買賣，並且盡可能爭取到最划算的條件。

　　批評貧民區惡房東的人，並未區分收取高價這個人人都有的渴望，以及收取高價這個不是人人都有的能耐。貧民區惡房東的突出，並不是因為他們想要索取高價，而是因為他們可以這麼做。因此，這個議題最核心的問題、同時也是批評者完全忽視的問題就是：為什麼會是這樣的情況？

　　阻止人們收取異常高價的原因通常是競爭，每當特定產品或服務的價格和利潤率開始上揚，競爭對手就會隨之出現。例如，如果飛盤的價格開始上漲，既有的製造商就會擴大生產，新創業家將會進入這個產業，二手市場或許便會販售舊飛盤等等；而這些活動往往又會把原本上漲的價格給抵銷掉。如果出租公寓的價格因為住房突然短缺而忽然開始上漲，類似的人事物便會加入競逐。既有的房地產所有人會開始興建新房子，新的房地產所有人也會因為房價上漲而被吸引到這個產業。舊房舍可能會被翻修；地下室和頂樓也會被硬是拿來使用。這些活動全都可能帶動房價下滑，從而解決住房短缺的問題。

　　在住房並未短缺的情況下，房東如果試圖漲房租，他們將會發現自己的公寓很難租出去，因為無論是新舊房客，都會被吸引到其他房租相對較低的地方。即使是所有房東集體調漲房租，若住房沒有短缺，他們將無法堅持漲價。這樣的意圖將會受到未參與集體協議的新創業家的反制，創業家會湧入房市以滿足對於較低價房屋的需求。他們將會購入現有房屋，並且興建新房屋。而房客當然就會群起湧向這些未加入集體協議的房子。至於仍舊留

在高價房子的人,則會傾向於使用較少的空間,不是與人分租,就是尋求較以往更小的空間。當這樣的情況發生,聯合漲價的房東就更難把他們的房子全部租出去。無可避免地,這個聯合漲價的集團宣告解體,而房東為了設法找到和留住房客,就只剩一個可行的方法:降低房租。因此,指稱房東能夠隨心所欲地收取房租,根本是不實的說法。他們收取的房租其實是市場能夠承受的價格,就和任何人一樣。

另一個認為這個指稱毫無根據的理由是,索價過高這個概念實際上根本沒有正當性。「索價過高」只能意指「收取高於購買者想要支付的價格」。但是,由於我們其實很願意**不花一文錢地**享有我們的居住空間〔或是讓房東支付房客無限量的金錢以住在他的房子裏〕,所以房東只要收取任何一點租金,都可以被說成是索價過高。任何人賣東西的價錢只要大於零元,也都可以被說成是索價過高,因為我們全都想要不花一毛錢地取得我們所購買的東西。

如果把貧民區惡房東超收租金視為不實指控,那麼在房子裏看到老鼠、垃圾、灰泥剝落等等,又該作何解釋?惡房東要為這些情況負責嗎?雖然回答說「是」非常符合社會風氣,但是這根本說不過去。因為貧民區住宅的問題,不盡然是貧民區或房子的問題,而是**貧窮**問題——這是不能要求房東負責的問題。而當住房條件惡劣也不是貧窮導致的結果時,那麼它就根本不是一個社會問題。

「我來看看喔，我在上西區有三間很棒的公寓——沒有、沒有，這位太太，木頭部分連一滴含鉛油漆都沒有——木頭早就都被啃爛了。」

當貧民區居民是負擔得起高品質房屋，但是為了可以省錢而**寧可**住在貧民區房子裏，那麼貧民區住宅的種種慘狀就不構成問題。這樣的選擇或許不是很普遍，卻是其他人自由做出的選擇，只影響到他們自己，因而無法被歸類為社會問題。（如果可以這樣做的話，我們將面臨這樣的威脅：我們最深思熟慮的選擇、我們最珍視的喜好和渴望，都將被與我們品味不同的人描述成「社會問題」。）

然而，當貧民區居民住在那裏是出於必須——而非希望留在那裏，而且他們無力負擔其他更好的地方，那麼貧民區住宅就是一個問題。他們的處境絕對是痛苦的，但是這個過錯並不在於房東。相反地，假定房客都很貧窮，那麼房東其實是提供了一項必需的服務。為了舉證說明，試想有一道法令禁止貧民區存在，因而也就禁絕了貧民區惡房東的存在，但法令並未針對貧民區居民提供任何配套措施，諸如為窮人提供像樣的房子，或是提供他們足夠的收入去購買或租賃好的房子。在此要提出的論點是：如果貧民區惡房東真的傷害了貧民區居民，**那麼在其他條件都維持不變的情況下**，除去惡房東照理說應該對貧民區房客有利無弊（net well-being）才是。但是消除惡房東的禁令是無法達成這點的，而且不只會對惡房東造成極大傷害，貧民區房客也會蒙受很大傷害。如果說房東和房客所受的傷害有任何差別的話，那就是貧民區居民受傷更重，因為惡房東說不定只是損失了許多收入來源中的一個；可是貧民區房客卻會失去他們僅有的住家。他們或將被

迫去承租更貴的居住空間，導致可用於食物、醫療和其他生活必需品的支出減少。不，問題不在於貧民區惡房東，而是貧窮。唯有當惡房東是貧窮問題的**根源**，才可以名正言順地怪罪他是貧民區住宅的邪惡勢力。

如果貧民區惡房東的狡詐程度並不比其他商人為過，那為什麼專挑他來攻訐呢？畢竟，把舊衣賣給包瑞街（Bowery；譯注：*美國紐約市一條大街，街上多廉價酒吧和旅館*）上流浪漢的商人，並沒有遭到誹謗，即使他們賣的東西很粗劣、價錢又高，買的人又窮又無助。然而，我們非但沒有責怪這類商人，我們似乎還知道該怪罪的對象在於──包瑞街上流浪漢的貧窮和絕望處境。同樣地，人們並未因為舊貨廢品堆放場（junkyard）老闆提供的貨品狀況粗糙，或是他們的顧客生活困頓而怪罪他們。人們也沒有因為「快過期麵包店」（day-old bakery）販售不新鮮麵包而怪罪老闆。他們反而清楚知道，要不是有舊貨堆放場和快過期麵包店的存在，窮人的生活條件會比現在更糟。

以下這個答案雖然可能只是臆測，但是政府對於特定經濟領域的干預程度，以及服務於該領域的商人所遭受的羞辱和謾罵，兩者之間似乎存在一個正向關係。一直以來，幾乎沒什麼法令規章會去干涉「快過期麵包店」或舊貨堆放場，但是在住房領域裏卻有許多規定。因此，在此應特別點出政府對於住房市場的干涉，以及惡房東的公共形象惡劣兩者之間的連結關係。

政府對於房市強勢且多方干涉，是無可否認之事。分散式住

宅計畫（scatter-site housing project；譯注：政府為窮人興建的公共住宅，分散於都會區各處，而非集中於特定地區）、「公共」住宅（"public" housing；譯注：政府為窮人興建的住宅或公寓）和都市更新重建計畫、區域劃分條例和建築法規等等，只是其中幾例，而且每一個所製造的問題，都多過其解決的問題：遭到破壞的房屋多過於新建的屋舍、種族的緊張關係更加惡化、鄰近地區和社區生活也被摧毀。在每一個情況裏，官僚的繁文縟節和拙劣做法的外溢效果（spillover effect；譯注：一項經濟活動或流程對於未直接相關者的正面或負面影響）似乎都被加諸在貧民區惡房東身上。都市更新計畫所引起的過度擁擠現象，絕大多數責罵都由他所承擔；他也因為建築物不符建築法規所制訂的標準而受到責備，但是那些法規根本不切實際，建物要是符合標準的話，將徹底**惡化**貧民區居民的處境。（強推「豪華禮車等級的住宅」〔Cadillac housing〕只會傷害「國民車等級的住宅」〔Volkswagen housing〕的居民，將會使得所有房子都超出窮人的財務負擔範圍。）

　　或許，在政府和惡房東所承擔的惡名之間，最關鍵的連結就是租金管制法（rent control law），因為此法將創業家尋常的獲利誘因，亦即提供顧客服務，變質為與顧客（房客）直接為敵。

　　一般而言，房東（或任何商人）都是藉由滿足房客的需求來賺錢。如果他無法滿足這些需求，房客就會想搬走。空著的公寓當然意味著收入的損失，而重新出租公寓時涉及的廣告、租賃仲

介、修繕、粉刷和其他狀況，也意味著額外的開銷。除此之外，房東在正常狀況下可以收取的房租，可能也會因為未能滿足房客需求而必須調降。如同在其他行業裏，顧客「永遠是對的」，商人如果忽略這個至理名言就是跟自己過不去。

但是，有了租金管制法之後，這套誘因制度就被顛覆了。在租金受到管制的情況下，房東**不是**藉由善待房客而賺取最大利潤，而是藉由虐待房客、推卸責任、拒絕修繕和羞辱房客。當租金被合法地控制在低於其市場價值的行情時，房東就無法透過服務他的房客以獲取最大利潤，而是藉由**趕走**他們。因為這樣一來，他就可以找尋不受租金管制法約束、願意支付更高租金的房客，取代原本的房客。

如果誘因制度在租金管制之下遭到破壞，那麼進入房東「這個行業」的決定因素，就是一個自我選擇（self-selection）的過程。一項職業會吸引什麼類型的人，是受到該行業必須做的工作型態所影響。如果某項職業需要（在財務上）提供服務給消費者，就會有某種類型的房東被吸引。如果某項職業需要（在財務上）騷擾消費者，就會有另一種非常不同類型的房東受吸引。換句話說，在許多情況下，貧民區惡房東之所以會招致狡猾、貪婪等惡名，或許是罪有應得，但是誰教租金管制計畫**打從一開始**就是會吸引到這類狡詐貪心的人成為房東呢。

如果惡房東被禁止在貧民區作威作福，而且如果這樣的禁令能夠被積極地執行，窮困的貧民區居民的福祉就會無止境地惡

化,如同我們現在所見。所以,住房條件的惡化,其實是起因於租金管制和類似的法規禁止房東收取高租金。如果房東離開了住房租賃這一行,也是因為住房法規等類似法令禁止低品質住房的存在。其結果就是,房客的選擇變少,而且都是些品質低劣的選擇。如果房東在供應住宅給窮人上所賺取的利潤,並不如他們在做其他事情上的獲利,他們便會離開這一行。試圖透過禁令來壓低房租並且維持高品質,只會降低利潤,進而逼使惡房東離開這一行,徒留貧窮房客的處境無止境地惡化。

應該要記得的是,貧民區的根本成因並非惡房東;也別忘了惡房東最差勁的「劣行」其實是政府的諸多計畫所導致,尤其是租金管制。惡房東確實對社會做出了正面貢獻;沒有他們,經濟情況將每下愈況。就在蒙受了這麼多的辱罵和誹謗的同時,惡房東仍持續他那吃力不討好的工作,只是證明了他基本上很英雄的本質。

貧民區商人
The Ghetto Merchant

「他怎麼敢用如此粗糙的商品，收取這樣不合理的高
價？店面骯髒、服務差勁，提供的保證又毫不牢靠。分
期付款購物會讓你這一輩子都欠他們錢。這些吸血鬼的
顧客是任何地方都找得到的最貧窮、最沒有財務概念的
人。唯一的補救方法就是禁止收取高價、低品質產品、
騙人的分期付款方案，以及對窮人的全面剝削。」

大多數曾公開談論貧民區商人「問題」的人，就是抱持這樣
的觀點，而這確實有幾分可信度。畢竟，貧民區商人多半是有錢
的白人，他們的顧客則主要是貧窮的弱勢族群成員。貧民區商店
所販售的商品，價錢通常比其他地區販售的商品更貴，品質也更
差。然而，一般所提議的解決方案，亦即強迫貧民區商人依循附
近非貧民區的做法，卻是行不通的。或者應該說，這樣的強制手
段只會傷害它原本想要幫助的人──貧民。

人們很容易認為，假如你禁止了某件壞事，接著就會發生某

件好事。這個道理雖然簡單，但未必總是如此。套用在貧民區商人和他做生意的方式上，情況顯然就不是如此。這個簡單的論點輕率地忽略了問題的起因——為什麼貧民區的商品價格就是比較高？

雖然乍看之下，鄰近高級地區的商品售價似乎會高於貧民區，但這是因為貧民區和附近高級地區商店裏所販售的商品並不相同。貧民區裏販售的商品品質較差，即使它們看起來一模一樣。例如，在附近高級地區裏，一瓶漢斯（Heinz）蕃茄醬可能標示著較高的價格，但是在那裏販售的產品，除了蕃茄醬之外，還要加上店內的裝潢、運送和其他服務，以及不分晝夜無時無刻都可以在住家附近購物的便利性。在貧民區裏的商店，要不是完全沒有這些好處，不然就是各方面都要更差勁一些。當把這些因素都考量在內時，貧民區消費者付錢所得到的，顯然少於附近高級地區的消費者。

情況一定就是這樣的，因為貧民區商人所收取的價格，反映了非貧民區商人不必擔負的「隱含的」營運費用。在貧民區裏，各式各樣竊盜和犯罪的比率較高，火災損害較多，因為暴亂而受到損害的機率也更大。凡此種種都會提高商人必須支付的保險費，並且增加防盜警鈴、鎖和大門、看門犬、私人保全等必要支出。

有鑑於在貧民區做生意的成本較高，因此所收取的價格一定會更貴。如果價格沒調高，貧民區商人賺取的利潤將會低於貧民

區以外的商人，於是他們就會放棄該地區，找尋更青蔥茂盛的草地。促使貧民區商品售價偏高的，**並非貧民區商人的「貪婪」**；因為無論在不在貧民區做生意，**所有**商人都很貪婪。是在這些地區裏經商的成本很高，才使得售價居高不下。

　　事實上，在各行各業的活動範疇裏，都存在一個固定不變的趨向，就是利潤會趨向均等，或是達到均衡狀態（已經把獲利風險中可預期的變動性，以及其他非金錢方面的優缺點考慮在內）。貧民區商人的處境就具體說明了這個趨向。當在A區獲取的利潤高於B區的利潤，B區的商人們就會被吸引而移到A區。因此，當只有少數商人留在B區，那裏的競爭對手就會減少，利潤就會增加。而隨著愈來愈多商人轉往A區，A區競爭對手便會增加，導致利潤下降。由此可見，即使在某個時間點上，貧民區商人獲取了高於其他人的利潤，他們卻無法長期持續賺取更高利潤。如果在貧民區裏能夠賺取更高的利潤，商人就會被吸引到那裏，而由此所導致的競爭狀態，將會促使利潤下降，趨向於均衡狀態。同樣地，當貧民區外的競爭對手日漸減少時，那裏的利潤便會增加，達到均衡狀態。

貧民區商人是施恩者

　　迄今尚未處理到非金錢方面的優缺點這個問題，但它們確實存在，而且所有非關金錢的好處，都是落在位於貧民區以外的商人身上。反觀貧民區商人，不但要面對生命和財產的風險，還必

須額外承受憤怒大眾的輕蔑；其他原因不算在內，光是因為高價販售劣等商品，人們就對**他**產生怒氣和憎恨。

由於貧民區商人所遭受的侮辱，其均衡利潤率將會高於貧民區以外的地區。換句話說，利潤將會穩定保持在一個點上，讓貧民區商人賺取高於其他商人的利潤，但是又不會多到足以引誘其他商人進入貧民區。貧民區以外的商人並不會被這個額外的利潤吸引到貧民區，因為這還不足以補償他們成為貧民區商人所要承受的額外侮辱和風險。留在貧民區的商人，都是最不受相關辱罵和風險影響的人。對他們而言，額外的利潤就是足夠的補償。換言之，將會有（而且永遠會有）一個自主選擇的程序，讓對於貧民區的風險和侮辱有最大容忍度的人，受到額外利潤的吸引而留在那裏。至於容忍度最低的人，將不會被額外的利潤所補償，因而會前往更青蔥（〔膚色〕更白的）的草地。

如果貧民區商人的容忍度降低，均衡利潤率就必須提高。如果沒有提高，在貧民區商人當中，最沒有能力承擔屈辱的那些人將會離開。隨著競爭對手的減少，留下來的商人便可以抬高他們的價格，從而獲利更高。而利潤的增加又正好足以彌補留下來的商人，去面對他們緊繃的敏感心情。由此可見，如果貧民區裏的價格沒有比較高，原因就在於這些商人有更大的能力去承擔風險、藐視和辱罵。

照這樣看來，收取驚人高價的貧民區商人，應該被視為施恩者（benefactor），因為他能夠承受加諸在他身上的壓力，使得貧

民區裏的價格不至於更高。要是缺乏了這項能力,價格將會更高。

接著應該考慮另一個令人吃驚的面向。如果說有任何人是壞人的話,那麼真正的壞人,並不是忍受凌辱而將價格**壓低**的貧民區商人;反而是那些因為貧民區商人就粗劣商品收取高價而輕視、辱罵他們的人,才是真正的壞人。就是這些「愛散布負面意見的有力人士」(nattering nabobs of negativism),在**抬高**貧民區價格上起了推波助瀾的作用。就是這群好發牢騷的人,通常是追逐權力和政治地盤的地方政客和社區「領袖」,拉高了讓商人留在貧民區裏所需的均衡利潤差額。如果他們能夠停止這些有欠考慮的譴責,那麼在貧民區販售商品的非金錢缺點,將會伴隨著均衡利潤差額逐漸減少,從而降低貧民區裏的價格。這番說法或許似是而非,但是最高聲抱怨貧民區商人收取高價的人,才應該為價格別無他法只能抬高這件事負起責任!

這個分析並不限於貧民區社群成員是黑人、而商人是白人的情況。因為凡是竊盜、火災,以及蓄意破壞和暴動所造成的損害,也都會讓黑人或是波多黎各商人收取更高價格。而他因此而會遭受的辱罵,又會驅使價格變得更高。這其中如果有任何差別的話,那就是身為弱勢族群一員的商人,將要承擔更痛苦的批評──被指控為是所屬族群的叛徒。由此可見,這個分析要是碰到了黑人和波多黎各人開始取代白人成為貧民區商人時,將會變得更加貼切。

限制只會造成傷害

討論到現在，禁止貧民區商人索價高於其他地方的法律效果，總算可以被正確評價了。這樣的禁令只會將商人趕出貧民區！經商成本增加、又毫無機會透過更高價格來回收成本，意味著利潤會更低。沒有商人會自願留在這樣一個商業情境裏。事實上，商人根本不會留在貧民區裏，除非他們賺取的利潤可以高於其他地方，以彌補那些非關金錢的缺點。

如果嚴格執行禁令，那麼幾乎所有商人都會離開貧民區，前往別的地方追求財富，只剩一小撮人留下來。如此一來，顧客便會被迫在任何還開著的商店前排隊，從而使得店家的成本降低和營收增加一些些，使得商人在貧民區裏的過高營運成本或能得到補償。但是，這意味著貧民區居民將必須長時間排隊購物，顧客也大有可能因為他們得到更差勁的服務，而更嚴厲地辱罵貧民區商人，群眾甚至可能失控。在這樣的情況下，極少數留下來的商人將被迫關店，而貧民區的公民、社區「領袖」、自認為博學多聞之士和評論者又會怪罪貧民區商人棄社區而不顧。

貧民區商人的離開，將會造成極大的傷害和痛苦。貧民區居民之前只要在附近就能購物，如今則被迫要長途跋涉。雖然他們可以支付稍低的價格，買到品質稍好的商品，但是車資的增加和通勤所浪費的時間，將大大抵銷這些好處。我們之所以了解這點，是因為貧民區居民**一直以來**都可以選擇在何處購物。而既然當地區民現階段都選擇光顧附近的店家，由此可見他們一定覺得

能在住家附近購物是更好的選擇。

貧民區居民也不可能彼此協議，由某些人代替其他人採買物品。這等於是間接地將他們當中的某些人轉變成貧民區商人，而這些新的貧民區商人就會和舊有的貧民區商人一樣，都享有相同的選擇。我們沒理由假設他們會遺忘將舊有商人趕出貧民區的財務誘因。貧民區居民只有一個合理的方式去處理這個難以掌控的情況，就是成立一個「採購集團」（shopping collective），由成員彼此互助完成費力費時的購物任務。但是，這麼做將形同生活方式的開倒車，讓食物的採買變成非常耗費時間的活動。這麼一來，貧民區居民非但無法培養做為生產者的技能，使自己脫離貧困，反而會淪為非得採行集體主義計畫（collectivist scheme）不可，因為貧民區商人都消失了。然而，從貧民區居民在面臨商人的競爭之下，目前並未採用這個做法看來，就足以證明它的效率不彰。

如果集體購物的情況發生，則城市規畫的「進步力量」肯定會提出一個替代的解決方案，亦即將（貧民區）零售事業國有化，讓政府接管。這其中的邏輯違反了先前的分析，道理顯而易見：既然先是政府的干預造成了如今的亂象（禁止貧民區裏的價差），那麼解決方法又怎麼會是政府干預更多呢？

上述建議的解決方法的第一個問題是，那是不道德的。這牽涉到迫使每個人不管願不願意，都要付錢給國有化的食品產業。而禁止公民進入這個產業，也剝奪了他們的自由。

　　第二個問題則是基於實務上的考量。根據可取得的證據，這樣的解決方法是行不通的。直到現在，政府對於經濟的所有干預都留下了無效率、腐敗和貪污的不良紀錄，而且證據顯示這並不是偶然。

　　這種效率不彰的情形很容易解釋，而且大部分人都能了解。政府經營的「企業」之所以會被預期是無效率的，是因為它完全避開了市場的選擇過程。在市場上，最有能力滿足消費者渴望的創業家，將可獲取最大利潤。從另一方面來說，效率最低的創業家，亦即最不能滿足消費者的，則會蒙受虧損。因此，他們通常會退出市場，讓最善於滿足消費者的創業家能夠成長和擴張。這個持續不斷的最適者生存的選擇過程，確保了創業家的效率。而既然政府根本不必接受市場的選擇過程，它自然就無法規範政府的經濟活動。

　　如果有任何區別的話，那就是人們更容易看見政府的腐敗和貪污。然而，困難的部分則在於讓人們體悟到，貪腐是政府企業營運的一個**必要**部分。這點之所以更難理解，原因是我們對於進入政府工作者的動機是有基本假設的。我們都很願意承認人們從商是為了賺取金錢、名聲或權力。這些都是基本的人性驅動力。但是每當政府碰上了商業，我們就會喪失這個基本的洞察力。我們會認為進入政府部門的人是「超脫於特定觀點的」（above the fray），他們是「中立」和「客觀」的。我們或許會承認有些政府官員是腐化、貪污和逐利的，但這些人都被視為特例。我們堅

信，在政府機構服務的人的基本動機，就是無私地服務他人。

現在該是挑戰這個錯誤概念的時候了。進入政府工作的人並無異於其他任何群體的人。他們繼承了人類所繼承的**所有**誘惑。我們知道我們可以假定商人、工會成員和其他人是逐利之夫，所以顯然地，我們同樣可以假定政府官員都會追求利潤。不是只有某些政府官員如此，而是**所有**政府官員都是這樣。

我們沒有必要特別去指出政府在食物領域裏的所有失敗舉措，包括農業補助、關稅、最低價格、最高價格，以及「勿在此地耕種」（don't grow on this land）的政策等等。很顯然地，這些計畫並不只是突顯了政府在嘗試增進公共福祉上毫無效率可言，雖然事實的確如此；而是，政府提供給大型農場經營者（big-business farmer）補助，以做為他們不栽種食物的補償（payments for not growing food），其實也是政府官僚欲蓋彌彰地欺騙大眾的一例。

如果政府變成了貧民區商人，情況將比私營的貧民區商人更糟。這兩群人都是追求利潤的，唯一的差別在於其中一群人有權力強迫我們服從；另一群人則沒權力這麼做。政府可以強迫我們光顧；私營商人只能競逐消費者的光顧。

投機者
The Speculator

　　有史以來每逢饑荒，高喊「殺死投機者！」的口號便會出現。說這話的往往是煽動民心的政客，他們認為投機者哄抬糧食價格，導致人們死於饑荒；而熱切支持這套說法的，則是對於經濟茫然無知的大眾。這種想法（或者說根本是不加思索）使得獨裁者甚至可以對那些在饑荒時高價出售糧食的商人處以死刑。至於向來關切公民權和自由權的人士，則是連最微弱的抗議之聲也沒有。

　　然而，事情的真相是，投機者非但沒有讓人餓死或導致饑荒，反倒制止了這些現象。而獨裁者非但未能保護人民性命，反倒要先為引發饑荒負起最大的責任。由此可見，一般大眾對於投機者的恨意，是多麼地不公平。其實只要領悟到，投機者只是希望藉由商品的買賣賺取利潤而已，我們就能夠深刻了解這點。套句老話，投機者就是意圖「買低賣高」的人。

　　但是，買低賣高和賺取暴利、拯救人民免於挨餓有什麼關係？亞當‧斯密的經典名言「看不見的手」最適合用來解釋這個

現象。這句話的意思是,「每個人都會善用其資本,創造出最具價值的產品。他通常既沒打算要促進公眾利益,也不知道自己的行為促進了多少公益。他只是想自保,只著眼於個人利益。他好像被一隻看不見的手所引導,達成了一個根本不是他所意圖的目的。藉由追求一己私利,他在無意間促進了社會公益,比他確實有意促進公益時更具效果。」[1] 因此,成功的投機者只是按照私利行事,既不知道、也不關心公眾利益,遑論促進公益了。

首先,在私利的動機之下,投機者在糧食充裕時期所囤積的存糧,減輕了饑荒的嚴重性。他購買和囤積糧食,以防糧食有一天可能會匱乏,屆時再以高價售出。投機者的這項行為,影響非常深遠。他們等於是向社會上其他人發出信號,促使人們仿效他們囤積糧食。消費者會少吃點東西,儲存多一點糧食;進口商引進更多糧食;農人增加農作物產量;建商興建更多倉庫;商人則貯藏更多糧食。因此,藉由個人逐利的活動,實現了「看不見的手」這句箴言:投機者鼓勵了人們在連年豐收期間儲存更多糧食(要是沒有他們,人們絕不會想到要未雨綢繆),從而緩和了作物歉收時的危機。

然而,一定有人會提出反對意見說:這些正面結果,只有在投機者對未來情勢做出正確評估時才會出現。萬一他的預測是錯

---

1 亞當・斯密,《國富論》(*An Inquiry into the Nature and Causes of the Wealth of Nations*), Random House, 1973, (paraphrase), p.243.

「……溫斯洛，這個點子好極了。鬧饑荒的時候，有錢人也得吃飯。有了這些日常生活用品，我們等於囤積了一萬噸美食啊。」

的呢？萬一他預言未來幾年糧食將會豐收──因而出售存糧，促使其他人也跟進──結果接下來幾年收成卻都欠佳呢？在這樣的情況下，他難道不必為自己**加劇了**饑荒的嚴重性而負責嗎？

他當然難辭其咎。如果投機者判斷錯誤，將會造成重大傷害。但這類能力不足的投機者，往往會有強大的力量將他們趕出市場。因此，他們所造成的危險和傷害，通常是理論大於實質。猜測錯誤的投機者，將會蒙受嚴重的財務虧損。**買高賣低**固然可能會誤導經濟，但投機者的荷包勢必損失更慘重。我們不能期待投機者的預測一直都準確，然而，如果他猜錯的比例高於猜對的比例，他將會血本無歸。因此，投機者不可能一直因為他所犯下的錯誤，而加劇饑荒的嚴重程度。危害社會大眾的活動，同樣也會損及投機者，從而防止他繼續從事類似活動。由此可見，無論是在什麼時候，現存的投機者很可能都是很厲害的預測者，因而有益於經濟。

讓我們以此來對比：當投機者穩定糧食市場的任務改由政府機關擔任時，政府將會採取哪些行動？他們當然也會試圖掌控存糧過少和過多之間的細微界線；但是，如果他們有疏失，政府並沒有淘汰不適任者的過程。公務員的薪水不會因為他在投機事業上的成功而隨之調升或降低。既然不論賺賠都不是自己的錢，我們也就很難預期官僚們會悉心致力於投機買賣。政府官僚體系並不像私人投機事業一樣，有一套自動、日復一日的機制，以提升預測的精確度。

　　經常被用來反對投機者的理由，不外是他們導致了糧食價格上揚。然而，如果仔細研究投機者所從事的活動，我們將會發現，他所造成的整體效應，其實是促使糧食價格趨於**平穩**。

　　豐收期間，糧食價格奇低，投機者往往會在這時候買進。由於他買走了市場上的部分糧食，因而導致價格上揚。緊接著在歉收期間，這批囤積的糧食進入市場，促使價格下跌。當然，饑荒期間的糧食價格極高，所以投機者所訂的售價，將會高於當初購入的原價。但是，**要不是**有投機者這麼做，糧食價格勢必還會更高！（我們不該忘記，造成糧食短缺的並不是投機者，而是農作物歉收及其他天災人禍。）

　　投機者具有平抑糧食價格的效果。豐收期間，當糧食價格**偏低**時，投機者**大量買進**和囤積糧食，有助於提高價格。饑荒期間，當糧食價格**飆漲**，投機者會**大量賣出**，導致價格下滑。投機者的目的就是獲利。這並不是壞事——相反地，投機者提供了有價值的服務。

　　然而，政客及其追隨者非但不推崇投機者，反倒辱罵他們。然而，禁止糧食的投機買賣對於社會所引發的後果，就和阻止松鼠囤積松果過冬沒兩樣——都會導致餓死。

進口商
The Importer

　　「國際婦女成衣工會」（The International Ladies' Garment Workers' Union；簡稱ILGWU）近來推動了一項罕見、大規模、成本高昂的廣告活動。就其種族主義、狹隘愛國主義的訴求而言，這確實是前所未見。這項活動的主題是：「外國人」（不誠實、沒有資格）奪走了美國人（誠實、正直、直率）的工作。其中最著名的一支廣告或許是——一面美國國旗飄揚在「日本製」的字幕上。另一支廣告呈現的畫面則是一副棒球手套，字幕打出「偉大的非美式運動」（The Great Un-American Game）。這些廣告附帶的文案解釋說：棒球手套和國旗都是進口的。

　　人們說，進口商品之所以受到嚴苛的抨擊，**原因在於**它們導致美國失業率攀升。表面上看來，這個論點似乎有道理。畢竟，**原本可以**在本國境內生產、卻由國外進口的美國國旗和棒球手套，都代表**原本可以**由美國人擔任的工作。無疑地，這意味著美國人原本是可以有工作做的，但因為進口的緣故，當地勞工的就業機會因而減少。如果這個論點僅限於這個面向，那麼ILGWU

限制進口（而非禁止進口）的理由堪稱充分。

1. 然而，這個論點其實是錯的，而且，順著這個邏輯推演出的結果，顯然也是毫無根據。如果在國家層級上貿易保護主義為合理的，那麼在州政府這個層級上應該也適用，而且我們應該忽略：某個州若要對其他州課徵關稅，在政治上毫無可能（違憲）的情形。畢竟，這和反自由貿易的ILGWU所持的**經濟**論點毫不相關。理論上，任何一個州都可以合理化其政策，就和國家一樣。例如，蒙大拿州（Montana）大可禁止從其他州進口商品，因為進口商品代表原本可以由蒙大拿州民所從事的工作被搶走了。如此一來，「購買蒙大拿商品」的計畫便可順勢推出。這個計畫就和ILGWU「購買美國貨」的活動一樣不合邏輯而且毫無根據。

不過，這個論點並不會在州這個層級便劃上句點。以同樣的理由，也可以被套用到城市上。試想蒙大拿州畢林斯市（Billings）進口了一副棒球手套的情形——這個產品的生產工作原本可以為畢林斯市的居民創造就業機會，但是卻沒有；反倒為生產這副手套的蒙大拿州朗大普市（Roundup）居民帶來了工作。畢林斯市的官員大可以和ILGWU採取相同立場，並以「愛『州』情操」為名頒布禁令，不准畢林斯市公民和朗大普市那些經濟入侵者有貿易往來。就像大型政府部門訂定關稅政策一樣，畢林斯市也可以設立關稅以保住公民的工作。

　　順勢推演，這個論點沒理由在市政府這個層級上就此打住。我們可以順理成章地把ILGWU的立場延伸至全畢林斯市，或是市區的大街小巷。貿易保護主義者可能會群起大聲疾呼：「購買榆樹街的商品」或「停止出口工作到楓樹街」。同樣地，榆樹街任何一個巷道上的居民，也都可以向同條街上另一巷道的鄰居開火。而且，即便範圍縮小到巷弄，這個紛爭還不會終止。我們會得出個結論：這個論點甚至可以用在**個人**身上。顯然地，每當一個人買了某項產品，他等於是放棄自行製造該產品。每當他購買一雙鞋子、一條褲子、一副棒球手套或一面國旗，他都是在為別人創造就業機會，因此，這個人形同拋棄了自製這些商品的機會。由此可見，ILGWU這個貿易保護論點的內在邏輯將導致如下結果：堅決主張絕對的自給自足；為了整體經濟利益，放棄與其他人交易往來；自行製造所有維持福祉所需的產品。

　　無疑地，這樣的觀點荒謬絕倫。我們整個文明結構仰賴的是相互扶持、合作，以及人與人之間的**交易**。倡議終止所有的貿易根本就是胡說八道；然而，站在貿易保護主義者的立場，他們自然而然會產生類似主張。如果在國家這個層級上，禁止貿易的論點是可被接受的，那麼我們自然可以永無休止地推演至州、市、鄰近地區、街道、巷弄等層級。唯一的休止符便是個人，因為個人是在可能的範圍內最小的單位。然而，導致這樣一個荒謬結論的前提本身就很荒謬。因此，無論貿易保護主義者的論點在表面上再怎麼有說服力，當中都涉及了**某個**嚴重的錯誤。

　　具體地說，這個謬誤的本質，乃是對於自由貿易的本質和功能的一種誤解。我們認為，在解釋人類之所以優於動物時，貿易的重要性遠勝於火、輪子及對生拇指（opposable thumb；**譯注：意指人類拇指尖可觸及另外四指指尖**），因為貿易，以及光憑貿易本身，便促成了專門化和分工。

　　人們每年在日常生活中消費成千上萬不同的產品。要不是因為專門化，每個人將被迫自行製造這些產品，而這是一項不可能的任務。事實上，人們甚至沒有能力為自己生產足夠的糧食，遑論生產他們可能會渴望的其他財貨。高效率的糧食生產牽涉到許多事物的生產，包括資本設備在內。而這些事物的生產將使每個人都投入目前已被分配給全人類的產品製造工作。沒有火、輪子和對生拇指，人類的命運固然會十分悲慘；但是如果沒有專門化，每個人甚至連餵飽自己都不可能，人們肯定會面臨饑餓和死亡。

　　有了專門化，每個人就可以把生產力限定在自己最擅長的領域。然而，貿易是使這套制度不至於瓦解的關鍵。沒有貿易，人們將會積聚大量用不上的安全別針、迴紋針等東西。如果不能進行交易，專門化和分工的誘因將會消失。每個人將被迫退回到試圖自給自足的自我毀滅狀態。

　　2. 另一個駁斥貿易保護主義者的重要理由是，他們沒有考慮到出口。雖然進口到美國的國旗或棒球手套，確實使本地人民失

去了某些工作機會，但貿易保護主義者卻便宜行事地遺忘了：每一個在進口品競爭下導致本地產業失去的工作機會，都可以在出口產業中失而復得。

假設佛蒙特（Vermont）和佛羅里達（Florida）這兩州都是自給自足。除了別的產品之外，兩州還生產楓漿和柳橙。由於兩地氣候个同，因此，佛羅里達州的楓漿稀少而昂貴，佛蒙特州的柳橙也是稀少而昂貴。佛蒙特州的柳橙必須栽種在溫室裏，佛羅里達州的楓漿則必須從種植在大型冷凍庫裏的楓樹取得。

如果這兩州之間突然展開交易，將會發生什麼事？佛蒙特州當然會開始進口柳橙，而佛羅里達州則會進口楓漿。要是ILGWU 或其他貿易保護主義的壓力團體看到這種情形，它們會立刻說，把楓漿引進佛羅里達州將會破壞該州的小型楓漿業，而把柳橙進口到佛蒙特州則會摧毀當地的柳橙業。貿易保護主義者忽略了以下事實：佛羅里達州在楓漿業所損失的工作機會，可以在柳橙業裏找回來；而佛蒙特州則可以在楓漿業裏找回工作機會。貿易保護主義者把我們的注意力集中在因為**進口**而**損失**的工作機會，完全不理會因為**出口**而**獲得**的工作機會。當然，佛蒙特州柳橙業的工作機會確實會流失，而佛羅里達州的楓漿業也是。但同樣真實的是，佛蒙特楓漿業和佛羅里達柳橙業的工作機會將會**增加**。

這兩州的楓漿業和柳橙業的工作機會，的確很可能同時減少，因為佛羅里達州可以用比佛蒙特州少的人力從事柳橙的栽

種，而佛蒙特州也可以比佛羅里達州更有效率地製造楓漿。但是這不但稱不上是貿易的惡果，反倒是**貿易的好處**之一！由於互通有無，從這兩個產業釋放出來的工人，可以轉而從事過去無法進行的計畫。例如，如果兩地先前並沒有現代化的運輸系統，各產業均須仰賴人力背負著一百磅的貨物，那麼成千上萬人將必須從其他領域抽離，以滿足運輸業的需求；因此，許多計畫和產業勢必無法開展。有了現代化的方法，運輸業所需的工人將會減少，而多出來的工人便可自由地投入其他領域，進而造福整個社會。

追根究柢，佛蒙特和佛羅里達兩地的柳橙業和楓漿業的工作機會是否真會變少，端視當地居民希望以什麼方式花用他們新開發的收入。唯有人們決定把**所有**新開發的收入全都花在額外的柳橙和楓漿上，這兩個產業的整體就業機會才有可能在兩地貿易之後還維持不變。如此一來，相同數量的工人將會生產更多的楓漿和柳橙。然而，更有可能的情況是，人們決定把他們新開發的部分收入花在這兩項產品上，把其他的新收入用於購買其他產品。在這樣的情況下，兩地的就業機會將會減少一點（儘管勞動力減少，產量還是可能比以前高），但是在產品最受消費者青睞的產業裏，工作機會將會增加。

由此整體看來，兩地間貿易的開放，將會同時嘉惠兩地居民。雖然為進口品所取代的產業，就業機會將會減少，但是出口產業以及因勞動力釋出而新開發產業的就業機會將會增加。儘管如此，貿易保護主義者並非全然錯誤。貿易確實會在被取代的產

業裏造成問題，而某些工人短期內將會失業。例如，善於生產柳橙的佛蒙特人和善於生產楓漿的佛羅里達人，市場對他們的需求將不再殷切。雖然這些人可以在其他產業裏找到工作，但由於他們必須以初學者的身分進入這些領域，因此可能被迫減薪。此外，他們可能也需要大量的再訓練。

這就衍生了以下這個問題：誰來支付再訓練的成本，以及誰來承擔進入新產業薪資降低的損失？當然，貿易保護主義者會主張由政府或資本家來吸收這些成本，但這個看法並不正確。

首先，我們應該注意到，只有**技能熟練**的工人才會因為跨入新產業而面臨減薪的命運。其他人在進入新產業時，薪資水平將和他們在舊產業中相差無幾。無法再在楓漿工廠掃地的人，將會改到紡織工廠掃地。相形之下，技能熟練工人所具備的特殊技藝，在特定產業的用途顯然比在另一個產業要大得多。由於他在新產業中無法像過去一樣有價值，自然無法要求同樣高的薪資。

其次，我們應該要了解到，技能熟練的工人和資本家一樣，都是投資人；只不過資本家是投資在具體事物上，工人則是投資在技能上。所有投資人都有一個共同點，亦即投資報酬率不確定。事實上，投資風險愈大，投資人的報酬可能愈高。在前述例子中，佛蒙特州技能熟練的柳橙栽種者和佛羅里達州技能熟練的楓漿製造者，他們之所以能夠賺取高薪，部分原因就是（在兩州開始交易前）諸如此類的貿易有天可能會開放的風險。

既然技能熟練的柳橙栽種者必須離開過去享有高薪且擅長的

工作，那麼，我們應該補助他們接受再訓練的費用，以及過渡期間勢必減少的薪資嗎？或者，他們應該自行承擔接受訓練的費用和被減薪的虧損？很明顯的一點是，任何補助都是在一開始便試圖維持技能熟練工人慣常的生活方式，而非去要求他們承擔起享有這種高生活水平的風險。此外，由於這類補助乃是源於絕大部分是由窮人所繳納的稅賦，因此將構成一種「劫貧濟富」的強迫現象，從貧窮、低技能的工人身上榨取錢財，以補助富有、技能純熟的工人。

3. 現在再來考慮另一個情形：如果貿易保護主義者「惡夢成真」的話，情形又如何？試想，有一個國家在**所有產業**的生產力均優於其他國家。假設日本（ILGWU眼中的洪水猛獸）在生產**所有事物**上都比美國有效率——不只是國旗、棒球手套、收音機、電視、汽車和錄音機，而是**所有事物**。在這樣的情況下，ILGWU認為應該限制貿易的主張，是否仍然有說服力？

答案是，限制兩個合意成人、乃至由合意成人所構成的國家（nations of consenting adults）之間的貿易，都是**絕對**不合理的；而且理由當然不是貿易將會對當中任何一方造成傷害。因為，如果交易的一方自認會受到傷害，他自然會拒絕交易，根本無須下令禁止。而且，如果雙方同意交易，第三方有什麼權利禁止？貿易禁令形同否認了交易的一方或雙方的成年身分，把他們當成沒有智慧或權利履行契約義務的毛頭小子。

　　儘管提出這類道德上的論點，貿易保護主義者還是想禁止貿易，其理由是，如果不這麼做，後果不堪設想。讓我們回到先前所預設的「惡夢」條件下，試想美國和日本之間可能會發生的情形。根據推測，日本將會出口財貨和服務，而且無須從美國進口任何事物。此舉會使得日本產業繁榮興旺，導致美國產業不景氣。最終，日本將會供應我們的**所有**需求；而且，由於美國並沒有出口品以平衡傾銷現象，因此本地產業將陷入令人難以忍受的停頓狀態。失業率則會高得離譜，而我們將會變得完全仰賴日本。

　　這樣的敘述聽來或許有點可笑，然而，美國過去在貿易保護主義上的紀錄，以及 ILGWU 廣告活動的成功均顯示出，諸如此類的「惡夢」可能比我們想像中更為盛行。也許，這場惡夢之所以如此為人所信，乃是因為迴避恐怖夢魘要比正面迎戰它容易多了。

　　在思索這場夢魘時，隨之而來的問題是：美國人會拿什麼去購買日本貨？他們不可能使用黃金（或是其他任何一種貴金屬貨幣），因為黃金本身就是一項商品。如果美國人用黃金去支付進口商品，他們實際上就是在**出口**黃金。這將會抵銷因為進口商品所流失的工作機會，而我們將會重返原初（prototypical）狀態。美國人可能失去了製造收音機和電視的工作機會，但是卻可以在淘金上開發更多的工作。美國的經濟體系將會近似於南非，亦即大幅仰賴黃金的出口以購買進口商品。

　　黃金除外的唯一付款工具是美元。但是日本人會怎麼運用美

元呢？只有以下三種可能性：他們可以把美元歸還給我們，用以支付我們賣給他們的商品；他們可以持有美元；抑或用美元購買（美國以外）其他國家的產品。如果他們選擇最後一個方式，那麼和日本交易的國家，將會有同樣的三個選項：把美元花在美國、貯藏美元或是花在其他國家；依此類推，和這些國家交易的國家，也都會如法炮製。如果我們把世界切割成兩個部分——美國和其他國家，我們將會發現，這三個可能性會減為兩個：一個是我們付出去的錢會回流購買美國貨；另一個就是其他國家把這些錢留在國內。

假設「最壞」的可能性發生了——亦即所有的美元都無法回流，以刺激美國出口。這樣的情況非但完全不是貿易保護主義者所宣稱的災難，反而是不折不扣的恩典！因為我們所付給國外的紙鈔，只是紙張而已，亦即廢紙。而我們甚至無須「浪費」那麼多紙——我們只要在印鈔票時加上更多的零就好了。因此，在ILGWU的惡夢中，日本將會把他們的產品贈送給美國，而我們除了回贈日本上頭印了許多零的美鈔之外，什麼也不用給他們。這將是一項最佳贈禮。外國人拒絕兌現美元，等於是餽贈美國一份厚禮。我們得到了產品，他們卻只收到廢紙！

與ILGWU和其他貿易保護主義團體的幻想恰恰相反的是，收到大量禮物的人，通常不會蒙受莫大苦難。多年來，以色列雖然分別從德國和美國獲得補償金和贈禮，但卻沒有遭受任何惡果。接受國**無須**中斷自己的生產工作，因為人類的渴望是無窮

的。如果日本人送給全體美國人一人一輛豐田（Toyota）汽車，美國人很快就會想要第二輛、第三輛或更多的豐田汽車。無庸置疑，要日本人（或任何人）如此自我犧牲、且不求回報地滿足美國人的所有渴望，根本就是不可思議。然而，唯有他們成功地完成了這項不可能的任務，美國本地產業才可能崩潰，因為到那時候，**每個人**將會擁有他想要的**一切**。

但是，在這個虛構的情節下，本地產業的瓦解未嘗不是一件**好事**，完全無須加以譴責。因為美國人唯有在自覺已經擁有足夠的物質財產，而且未來還會繼續擁有足夠物質財產的情況下，才會中斷所有生產工作。而這樣的情況非但一點也不恐怖，反而會大受美國人歡迎，因為這是最接近烏托邦的一種理想狀況。

當然，在實際情況下，日本人或其他人並**不會**因為積累美國人購買產品所支付的美元而滿足。一旦美元餘額超過了他們想要持有的額度，他們便會拋出這些美元，進而刺激美國的出口產業。他們可能是購買美國貨，直接刺激美國出口；抑或拿美元買黃金（「打擊」美元），迫使美元貶值，而這將使得美國的出口品在全球市場上更具競爭力。無論是哪一種方式，美元都會回流美國，而本地出口產業將大受激勵。至於因為進口品而損失的工作機會，將被其他產業新增的工作機會抵銷，就像前述佛蒙特州和佛羅里達州的情況一樣。

為什麼日本人會想和製造效率比自己低的國家做生意呢？因為絕對優勢和比較優勢（comparative advantage；一稱「比較利

益」)是不同的。兩造(國家、州、城市、鄉鎮、鄰近地區、街道、個人)之間之所以產生交易,並非依據其絕對生產力,而是依其相對生產力。最典型的例子就是,某個鎮上最頂尖的律師,同時也是最傑出的打字員。這個人在提供法律和打字服務上,都享有優於其祕書的絕對優勢。然而,這名律師卻決定專注於他擁有**比較優勢**的專業上──法律。假設他當一名律師的能力優於他的祕書一百倍,但是當一位打字員,在效率上只有祕書的兩倍。因此,對他而言更有利的情況就是從事律師這一行,然後僱請一位打字員(和打字員進行交易)。這位祕書在打字上擁有比較優勢:和雇主相較,她在法律方面的能力只有雇主的百分之一,但在打字專業上,其能力卻是雇主的一半。儘管她在法律和打字這兩樣技能上都不如雇主,但是卻可以透過交易而營生。

在我們之前所設想的情況下,日本在所有財貨的生產上都享有絕對優勢。但是當日本人把美元歸還美國以交換我們的財貨時,美國將會出口她享有比較優勢的財貨。如果我們小麥的生產能力是日本人的一半,但收音機的生產能力只有日本人的四分之一,我們將會出口小麥以換取收音機,而雙方都將得利。

因此,無論是什麼情況──即使是最極端的──都將證明貿易保護主義者的論點理由不夠充分。然而,由於貿易保護主義者的訴求有其情感上的渲染力,因此進口商長期以來飽受詆毀。不過,由於進口商持續地引進商品而「造福人群」,因此他們應該被視為是「大恩人」才對。

中間商
The Middleman

　　人們總是說，中間商從中剝削。比牟取暴利的奸商（他們至少提供了某種類型的服務）更糟的是，中間商被視為全然不事生產。他購買其他人所製造的產品，再以高價轉售，完全沒有為產品增添任何價值，只是讓消費者花費更多的錢。如果沒有中間商，財貨和服務將會更便宜，而且絲毫不減損其數量和品質。

　　這個概念雖然普遍又盛行，但是卻不正確。這顯露出人們對於中間商的經濟功能是何等無知，因為他們的確提供了某種服務。如果沒有中間商，整個生產秩序將會陷於混亂。即使財貨和服務頗為充裕，其供應也會短缺，至於取得財貨和服務所需的成本則會狂飆。

　　典型的「商品」生產過程，必須包含原料的採集和加工處理，以及機器和其他生產要素的取得、設置和維修等。當成品出爐，則必須確保其品質、運送和追蹤紀錄。此外，產品還必須加以宣傳和零售；記錄銷售成績；完成法律相關工作；財務狀況也必須良好。

典型商品的生產和消費，可以如下形式呈現：

#10

9

8

7

6

5

4

3

2

1

#10代表商品生產的第一個階段，#1則是商品交到消費者手中的最後一個階段。#2至#9的階段則是生產的中間階段；各階段均是由中間商處理。例如，#4可能是廣告商、零售商、批發商、中盤商（jobber）、代理商、中介人（intermediary）、金融業者（financier）、裝配商（assembler）或托運商（shipper）。無論其名稱或功能為何，中間商向#5買進產品，再轉售給#3。即使沒有具體指明、或確知中間商究竟做了些什麼，顯而易見的是，中間商以有效率的方式提供了必要的服務。

如果中間商所提供的服務沒有必要性，那麼#3向#4購買產品的價格，將不會高於#4向#5購買產品的價格。如果#4未能提供有價值的服務，#3就會「略過中間商」，直接向#5購買產品。

　　因此，很顯然地，#4所從事的工作是有效率的——至少比#3自己做更有效率。如果#4的服務沒價值，#3將會再次跳過#4中間商，自己做這份工作。

　　同樣地，雖然#4有效率地發揮了必要的功能，他並不會針對其勞務索價過高。假使他收取的費用過高，#3就會繞過他，不是自行承擔風險，就是轉包另一位中間商。此外，如果#4所賺取的利潤，高於其他生產階段所賺取的利潤，在利之所趨的情況下，其他階段的業者將會進駐這個階段，拉低其利潤率，直到它等同於其他階段所賺取的利潤（假設各階段的風險和不確定性相當）。

　　如果#4中間商由於法令規定而遭到淘汰，他的工作就會被#3、#5或其他人所取代，因為這些工作得有人去做。但如果#3或#5接手了這項工作，生產成本將會提高。因此，只要在法律許可的情況下，人們會和#4進行交易，而這個事實顯示出，人們沒有辦法以相同或更低的價格，把這份工作做得和#4一樣好。如果#4階段完全消失不見，而且沒人承接這個功能，生產過程將會在這個點上出現嚴重斷裂。

　　儘管有了上述分析，許多人還是認為：一定有某種更為「純粹」和「直接」的交易形式，完全不涉及中間商。以下幾個和經濟學家所稱「互為需要」（double coincidence of wants）有關的問題，或許能使人們摒棄這樣的看法。

　　試想如下困境：有一個人擁有一桶酸黃瓜，想拿來交換一隻雞。他必須找到某個擁有一隻雞的人，而這個人正好也想拿這隻

雞來交換一桶酸黃瓜。想想看，如果雙方的欲望都要獲得滿足，必須出現一個多麼罕見的巧合。事實上，由於這樣一種「互為需要」的情形是如此稀有，因此雙方自然而然會轉向中間商（如果找得到這樣一號人物的話）。例如，想買雞的酸黃瓜主人，可能會拿酸黃瓜和中間商換取更具市場價值的商品（黃金），然後再用黃金去買雞。這樣，他就不再需要找一個擁有雞、而且想買酸黃瓜的人。至於擁有雞的人，無論想不想要酸黃瓜，也會採取類似做法。顯然地，中間商的出現大大地簡化了這項交易。他**使得「互為需要」不再是個問題**。此外，中間商一點也沒佔到消費者便宜；相反地，在很多情況下，反倒是中間商幫消費者實現了願望。

　　中間商所受到的部分抨擊，乃是基於以下兩個圓餅圖中所呈現的論點。最初（如圖一所示），由於財貨價格很低，因此中間商所佔的比例很低。其後（如圖二所示），中間商在成品價格中所佔的比例增加，財貨的成本也增加了。諸如此類的例子，都被用來證明1973年春季的肉價之所以過高，乃是導因於中間商。但是，這些例子卻證明：事實恰好相反。中間商所佔的比例也許增加了，但那是因為中間商的貢獻更大了！如果中間商所佔的比例上揚，卻沒有貢獻更多，那只會使得利潤增加，進而吸引更多業

〔前頁圖文〕
「山姆的折扣祕訣：沒有中間商！」

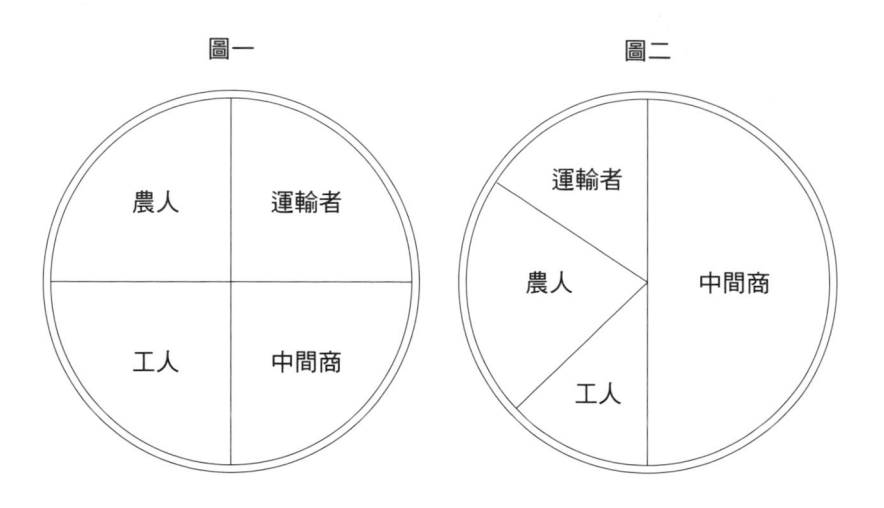

者搶佔這個領域。一旦他們加入，先前的高利潤便會消失。因此，如果中間商佔據了更高比例，那必定是因為他們的生產力提升了。

這個現象的許多實例，充斥於商業經濟學的文獻中。誰能否認百貨公司和超級市場所扮演的角色（市場佔有率更高）比以前的中間商更重要？然而，百貨公司和超級市場的存在，使得效率**更高**、價格**更低**。新的零售模式固然必須在生產的中間階段支出**更多**費用，但是，一旦效率愈高，便能導致價格下降。

牟取暴利的奸商
The Profiteer

　　顯然，利潤和關於它的一切，長期以來便飽受抨擊。至於理由，就不是那麼清楚了。

　　我們可以分辨出好幾種不同的反對意見，其中最常見的就是：利潤是**不勞而獲**，跟其他收入來源例如薪資、租金或利息（等待風險的報償）等不同。獲利行為並未誠實地從事勞動或付出心力，以合理化其利益。大多數人都不了解賺取利潤的過程，並假設當中必定涉及了某種不當**情事**……「不用工作而獲取利潤是不公平的」。

　　另一個經常拿來反對利潤——尤其是反對牟取暴利（不合理的利潤）——的看法則是，這樣的利潤會使得其他人陷於赤貧。這個概念就是，可取得的財富只有一定數量，如果牟利者多拿走了一些，其他人的財富就會少一點。因此，利潤之所以「不應得」，不只因為它是「不勞而獲的」，還因為它奪取了社會上其他人的財富，確實對人造成了傷害。

　　在許多人看來，利潤的獲取似乎也利用了其他人的無助狀

態。這個觀點形成了第三種反對意見,反映在帶有輕蔑意味的慣用語當中,意指牟利者「藉由其他人的苦難」來賺取收入。當人們的「無助狀態」是因為缺乏知識,那麼對利潤持批評態度的人士,其譴責聲浪尤為高漲。例如,以下這個論點就頗令人氣惱,亦即牟利者之所以有利可圖,僅僅是因為消費者不知道有相同的商品在鄰近地區售價較低。當顧客很窮,譴責牟利者的理由就更為充分。

有關賺取利潤的想法和做法,常見的捍衛之詞亟待改進,而且過去一直侷限於:(1)利潤是愛國的表現,因此,責難它就是「反美」的,或可能是支持共產主義的;(2)反正這些利潤的數目並不是非常龐大;而且(3)在許多情況下,它是被用於慈善捐款。不消說,這些辯護都不是非常有力。我們必須仔細考慮利潤在現代經濟所具備的作用,並且努力為「牟取暴利」這個古老且值得尊敬的職業,提出更積極的辯詞。

首先,企業家之所以有利可圖,是因為他們能看準和掌握時機,比其他人更敏銳。企業家所抓住的機會可能要視情況而定,但無論是什麼情況,企業家所提供的都是人們認定自己有利可圖的交易,如果沒有企業家,人們根本**無從**進行交易。在大多數常見的情況下,企業家看見了價差的存在——在紐澤西州,每罐草莓的售價是25美分,在紐約則是45美分。只要運送草莓的相關成本(運費、保險費、保管費、破損費、損害費)低於兩地間每罐草莓的價差20美分,勇於冒險的企業家就會想到分頭進行交

易。他可以在紐澤西州開出略高於市價25美分的價格收購草莓，然後在紐約州以略低於市價45美分的價格售出。在這兩種情況下，如果他找得到買主，那麼和他進行交易的人都將得利，因為企業家一方面以高於人們向來接受的價格來購買財貨，一方面以低於人們習於支付的價格來販售財貨。

除了在特定時間點（intratemporal）的價差之外，還有橫跨時間（intertemporal）的價差。在後者的情況下，人們發現了現有財貨和未來財貨之間的價差。以飛盤為例，我們必須考慮所有體現在飛盤這項成品中的生產要素——土地、勞動和資本。由於這些生產要素本身就是一種財貨，所以當然有其價格。在花費了相當時間將生產要素轉變為成品之後，將會出現三種可能：(1)生產要素的價格總和和未來成品的價格之間沒有差異；(2)有價差，而且生產要素價格總和高於成品價格；(3)有價差，而且成品價格高於生產要素的價格總和。

如果沒有價差，企業家將不會採取行動。如果要素價格總和相對較高，企業家也會退出生產行列，因為投入較為珍貴的資源在較無價值的成品上，是一種浪費。他可能會賣掉他在生產飛盤公司裏的股份；抑或，如果他現在並未持有股份，他可以締結契約預借股票以目前的高價售出（所謂目前的高價，是因為市場尚未反映出「運用比飛盤本身更有價值的資源來製造飛盤」這項生產錯誤）。當企業家預期由於生產錯誤，飛盤公司的股價將會下挫，他便可以在未來以較低價格買進相同數量的股票，以賺取差

價。許多不明白的人稱此為「賣空」（selling short）。他們不解的是，人們怎麼可能在未來以今天的價格販售某件你並未擁有的東西？嚴格地說，人們不可以販售任何他並未擁有的事物。但是，如果了解到人們在未來隨時**買得到**該事物，**進而**兌現諾言履行契約時，那麼人們絕對有可能**許諾**他們將在未來販售某件目前尚未擁有的東西。為了檢驗人們對這個概念的了解，我們可以問一問有誰會同意在未來以目前價格購買股票？答案就是那些預期價格會進一步上揚，但不想現在投入金錢的人。

反之，如果企業家認為成品的價格可能會高於所有生產要素價格的總和，他就會採取相反的做法：自行生產飛盤，並且／或投資從事這類生產的公司。

至於企業家可以掌握的第三種潛在機會，並不涉及任何特定時間點或是橫跨時間的價差。由於這種機會所牽涉的是尚未生產出來的財貨，因此根本沒有價格可言。讓我們就這點仔細考慮飛盤在被生產或發明**之前**的情形。在那時候，人們無法保證飛盤將會為大眾所接受。碰到這種情形，企業家直覺、認為或預測：如果消費者得知有這種東西存在，並了解它的好處在哪裏，他們將會非常喜歡這東西，雖然此時一般人根本不覺得缺少這樣東西。在這種情況下，企業家像是某個創見（idea）的保姆，透過發明創造、提供資金、廣告宣傳和其他必備的手段，讓創見廣為大眾所接受。

在考慮到圖利的企業家可能會從事的活動之後，接下來再來

看賺取利潤所導致的結果。

　　其中一個立即可見的結果就是——資訊的蒐集和傳播。雖然前述尚未生產產品的相關資訊，就是一個明顯有力的例子，但誠如我們所知，牟利行為所產生的資訊絕不限於這類特例而已。日復一日，牟利者不斷為市場帶來有關價格差異的資訊，無論是特定時間點上或橫跨時間的價差資訊。

　　這類資訊對所有有興趣參與交易的人都大有益處。如果缺乏相關資訊，紐澤西州的居民可能會吃掉他們如果賣掉會更划算的草莓——如果他們找得到人願意出高於每罐25美分的價格。也就是說，紐澤西人只有在不知道有人比自己更想要草莓的情況下，才會吃掉他們的草莓。另外，在欠缺相關資訊的情況下，紐約人將會因為假設取得草莓的唯一方式就是以每罐45美分的價格購買，而選擇不吃草莓；然而事實上，他們可以用更便宜的價格買到草莓。

　　當然，圖利者不可能像個**教師**一樣擔負起傳遞資訊的責任。他不是遊走鄉間明確傳授訊息的人。事實上，當他完成了自己的工作之後，紐澤西和紐約的居民可能根本沒人知道兩地草莓的相對價格。圖利者所做的，就是確保不同地域的人們能享受到價格資訊的**效用**。圖利者不用直接地散播資訊，只需派送草莓即可；而他如果欠缺相關的價格資訊，這一切根本不會發生。

　　圖利者的確利用了其他人的無知。如果人們手上握有相關資訊，企業家便不太可能藉由將草莓從紐澤西州運到紐約州而賺取

利潤。然而儘管如此,此種圖利行為不應因此而受到譴責。任何一個商品販售者,當然必須將商品賣給有需要的人。而人們的匱乏是取決於其「無知」的這個事實,並不會稍稍減損人們缺乏商品或需要商品的事實。圖利者「利用」顧客無知的方式,無異於農人「利用」顧客的饑餓——兩者都是藉由提供顧客所欠缺的東西。

因此,企業家賺取利潤並未犧牲任何人的利益。認為企業家的收益,一定會在經濟體系其他地方造成等值的損失,這說法並不正確,因為指稱企業家並未創造任何事物的論點本身就是錯的。企業家確實有貢獻。他為大不相同且距離遙遠的群體創造了合作的可能性。他所扮演的角色形同**機會**的仲介者或中間商。他的功能就是提醒人們不要忽略了互蒙其利的機會。這種勞心勞力的成果為何應該被挑出來,並且被污名化,這實在沒道理。

除了做為資訊利用的匯集點之外,圖利的企業家還藉由提供多元選擇而嘉惠人們;因為如果沒有企業家提供資訊,人們根本不可能有其他選擇。在此,企業家為大眾帶來全新產品的這個事實,又是一個明顯例子。但是,即使是在橫跨時間的價差這個更為世俗的情況下,此一原則同樣適用。因為當珍貴資源**未被**用於生產較資源本身更廉價的成品時,社會便可以得利。這類資源可被用來生產更有價值的成品;亦即,用於生產顧客認為更有價值的成品。

我們應該銘記在心的是,所有風險性的交易都是出於自願

的。和企業家交易的人們有自由接受交易，也有自由拒絕交易。因此，如果他們接受了，那只是因為他們自覺可以從交易中得利。他們也可能會後悔所做的決定，希望自己早知道就以更低的價格買進財貨，或是以更高價格賣出財貨。但是，這並不會改變當企業家在提出交易的當下，交易各方都認為自己可以從中得利的事實。這是一個重要、而且有利於企業家的論點。例如，這個論點就無法套用於官方交易，因為我們並不能說這類交易是全然出於自願的。

利潤獲取過程的另一個結果就是，當企業家在任何特定市場從事此行為之後，圖利行為得以延續的範圍便會縮小。在成功賺取利潤之際，也同時埋下了終止獲利的種子。一旦企業家指出了機會之所在，並滿足了他的需求，其功能就算了結了。「孤獨的企業家」就像舊時的獨行俠（Lone Ranger）一樣，必須前往另一塊更青蔥翠綠的牧場。然而，如果價格不均衡狀態不久之後又再出現，圖利者當然會再回來。

企業家試圖把經濟結構中互異的各方兜在一起的背後誘因，當然是他寄望藉此獲利。這是盈虧制度的好處的絕佳案例。雖然成功的企業家──賺取利潤的人──藉由降低價差而把經濟結構中交易的各方媒合在一起，但如果他在應該賣出的時候買進，或在應該買進的時候賣出（非但沒有降低價差而媒合經濟結構中的交易各方，反倒增加價差並擾亂經濟），他就會賠錢。他犯的錯誤愈多，繼續犯錯的空間就愈小。我們不能期望經濟體制全然免

於犯錯。然而,我們也不應輕率地揚棄一套會時時刻刻自動提升企業家績效的機制。

雖然我們已經提出理由說明利潤的益處,但尚未觸及牟取暴利的行為。談及後者是很重要的,因為許多人會辯稱說:在亞里斯多德「中庸之道」(golden mean)的精神之下,適度的利潤是可以接受、甚至是有益的;不過,走極端的牟利行為只會造成禍害。

「牟取暴利」這個詞經常被用於語帶污衊的文本脈絡底下。「利潤」加上「我憎恨這個狗娘養的傢伙」等同於「牟取暴利」,這種思維就像是「意志堅定」加上「我認為他是錯的」等同於「冥頑不靈」。(為闡述此一論點,英國哲學家羅素〔Bertrand Russell〕曾經說過:「我意志堅定,你冥頑不靈,他是頑固執拗的狗娘養的。」)我們並沒有類似的咒罵之詞用來形容意圖賺取「過多」或「不合理」工資的受薪階級(或可稱為「wageer」?譯注:相對於牟取暴利者「profiteer」。)這也許是因為「民意」(大眾媒體)獨厚高薪而厭惡高利潤的緣故。

撇開語意學不談,情況似乎是,如果利潤有益於社會,那麼暴利更是大大有益於社會。有利可圖,就代表經濟結構有哪裏不對勁,代表人們沒有充分利用互利的交易而獲利。而利潤的獲取,代表有人針對這不對勁之處做了某件事;而在企業家來說,就是「讓草莓適得其所」。但如果「有利可圖」意味著某件事不對勁,那麼「有暴利可圖」就表示經濟結構中存在著更多、更大

的缺口。而如果光是利潤就代表了某個研議中的經濟對策，那麼暴利便象徵了人們正在採取更具實質意義的大動作來矯治這個情況。適度的利潤非但不只是「可以接受的」，而牟取暴利也不是「剝削的」；相反地，我們可以看見，利潤愈多，暴利愈高，經濟就愈繁榮。我想起了一個醫療上的類比：如果OK繃因為可以保護人體而是「好的」，那麼手術（「牟取暴利」）就是更好的良方，因為這意味著更需要治療的病患正受到妥善的照護。

有關賺取利潤最重要的辯詞，乃是基於政治自由：

基本上，經濟的運作方式只有兩種。第一種是自願性的（voluntaristically），憑藉去中心主義（decentralism），並仰賴價格和盈虧（profit and loss）制度提供資訊和誘因。第二種則是強制性的，憑藉中央計畫、經濟秩序和指令，並仰賴經濟獨裁者的獨斷獨行和其他人的服從。這兩種制度分居兩個極端。其他的經濟制度都是這兩個「純粹」類型的變形或綜合體。

乍看之下，強制性或計畫經濟（command economy）再簡單不過。經濟領導人只需決定生產內容、生產者和生產方式，以及誰將從這類生產中得利即可。

相形之下，自願或自由市場經濟比較複雜。個人必須決定生產內容和生產方式。至於生產誘因，則端視個人從產品中所得到的樂趣和享受，以及他可以從交易中得到什麼而定。誠如我們所知，自由市場經濟不受經濟指令的調配；相反地，它只受盈虧機制的調節。

「……啊！跟我猜想的一樣。他是個被虐狂！」

　　現在再來看看以下這個弔詭的情形：頻頻仇視「牟取暴利的奸商」、進而敵視整個自由市場經濟的批評者，往往也大力擁護去中心主義和私人事務上的個人權利。然而，就在他們抨擊「利潤」和「暴利」的同時，他們不只侵犯了個人在經濟領域內自由行事的權利，也侵害了人類生活各個領域裏自由的根基。

　　他們在責難利潤和牟取暴利的行為時——實際上是針對所有「有利可圖」的事物——顯露出他們自己和專制者與獨裁者其實是站在同一陣線。

　　如果他們打算這樣任性而為，嚴格地限制利潤，甚至完全宣告利潤為違法，那麼到了這個程度，高壓統治的集體主義（collectivism）將獲得強化。個人自由將被上層命令摧毀殆盡。如果個人的經濟生活方式必須基於經濟獨裁者的命令，那麼個人將毫無自由可言，並且對此種支配毫無置喙餘地。在自由市場裏，如果你辭掉工作、員工離開你的公司、顧客拒絕向你購物、或是供應商不願賣東西給你，你都可以找到其他實際存在或潛在的老闆、員工、顧客或供應商。但在支配經濟之下，你別無選擇。任何偏差行為、特立獨行或是離經叛道的傾向，都無法被容忍。

　　在性道德這個領域裏，公民自由的擁護者提出了極為精闢的洞見，以及十足人道關懷的名言——「在合意的成人之間，任何事情都可以成立；而且（隱含義）除非發生在合意成人之間，否則任何事情都不成立。」但是，他們卻堅持不肯將此一標準套用

在性道德以外的任何領域,尤其是經濟領域!然而,這個人道的名言理應適用於**所有的**人類生活,包括牟利者**以及**性倒錯者或偏差行為者;企業家**以及**戀物癖者;乃至於投機商人**以及**虐待狂和被虐狂。

指出性倒錯者、偏差行為者和其他類似情況的人向來遭到不公平的抹黑,乃是本書的主旨之一。因此,我們不至於被指控為以一種反覆無常的標準來看待偏差社群。由此可見,將牟利社群的成員視為可輕蔑的對象,**同樣**有欠公允。

最後一個有關牟取暴利和自由市場的批評,就是認為在遙遠的過去(當時是農業經濟,而且「生活比較簡單樸實」),確實存在著一套可行的自由企業制度。如今,過去適用於農人和小商人的制度已不存在了。在複雜的工業社會裏,我們不可能放任人們還懷抱舊時代的做法。我們需要強有力的中央控制式的經濟計畫單位,將利潤和暴利逐出我們的交易。

這個觀點流傳很廣。在某些圈子裏,甚至被看做是「不證自明」。但是,透過分析「利潤和資訊匱乏的密切相關性」,必然導出相反的意見;亦即,利潤的存在對於資訊的蒐集和傳播,以及資訊的效用具有莫大的助益。如果有任何事情可說是這個「高度複雜化、現代化、非農業經濟」的污點,那就是經濟知識**匱乏**和**不當運用**。因此,我們似乎可以由此推論,當經濟變得更為複雜,利潤制度將變得**日益**重要!因為在這樣的經濟體制之下,由價格和盈虧制度所提供的資訊是不可或缺的。經濟獨裁(事實證

明不可行）以前會行得通，是因為在簡單的經濟體中，只需由一群官僚便可以管理。

　　最後，我們必須在以下兩者之間做出明確、嚴謹且根本的區隔：在市場上可賺取的利潤；以及經由政府補助和影響（總之就是透過「企業─國家資本主義」〔corporate-state capitalism〕的制度）而「獲取」的利潤。在市場上，所有的資金轉移都必須是出於自願，因此，所有的利潤必定是基於經濟參與者的自願選擇，體察到經濟的匱乏，並為此匱乏帶來解決之道。由此可見，下列主張只適用於自由市場經濟：有利可圖將顯示出無利可圖交易的範圍；而實際賺取的利潤則意味著這些缺口已被填滿。

　　沒有自由市場，這些主張就無從成立。從「混合式」（mixed）經濟（同時具備自由市場和高壓統治元素的經濟體）所賺取的利潤，很可能只是來自於限制競爭。例如，對於進口品課稅將會提振對於本地產品的需求，而當地產業的獲利將會增加。但是，我們幾乎無法就此推斷是否有新的資訊被揭露，或是消費者滿意度有所提升。如果真要細究的話，我們只能說情況恰恰相反。如此一來，利潤和福祉（well-being）之間的關係就被切斷了，我們再也無法由前者推論出後者。

Part 7 | 生態

Ecology

露天採礦者
The Stripminer

　　基本上，開採煤礦的方式有兩種：露天採礦（strip mining）和深部採礦（deep mining）。採用深部開採法時，必須在地底深處架設精密複雜的隧道、礦井和支架。長期在這類礦坑工作的人，通常都會因為吸入煤微粒（coal particle）而染上「黑肺病」（black lung disease）這種令人懼怕的礦工病。不過，深部採礦法對於工人的危害並不僅止於此。例如，礦坑塌陷頻傳，每每導致數百名礦工受困於地底深處。立即聯想到的事故原因可能是坍塌、煤氣外洩、爆炸或滲水，但最主要的起因則是深部採礦這個方法本身。

　　顧名思義，露天採礦就是一層又一層地剷除地表泥土，直到發現礦脈（coal stream）為止。雖然露天採礦法特別適用在接近地表的煤層（coal bed），但也是可以開挖到相當的深度。露天採礦避開了坍塌、其他形式的塌陷，以及黑肺病的威脅，比起深部採礦也便宜得多。儘管有這些優點，但是幾乎所有「有智識的」、「自由的」和「進步的」意見卻一直給予露天採礦法嚴厲的

譴責。

針對這個用其他理由很難說得過去的情況，一般認定的解釋主要集中在兩個對於露天採礦的批評上：一說是會造成污染，另一說則是會破壞地貌的天然之美。不過，即使是粗略地加以驗證，都會發現這些批評幾乎站不住腳。就算指責是正確的，要說對於深部採礦的偏好是出於人道主義式的衝動，是很困難的。因為在地面上工作的礦工並未染上黑肺病，也無須面臨坍塌或受困地底的危險。顯然，人命是站在露天採礦這一邊。

稍加驗證就會清楚發現，對於露天採礦的批評根本不正確。首先來看污染問題。雖然露天採礦確實會造成污染，但是這並非**無可避免**的附加產物。只要禁止非法入侵（trespass）的法律能夠被落實，污染問題就可以被排除，而且也將會被排除。

目前在露天開採煤礦時的做法是，為了讓煤礦露出，便將過程中必須剷除的泥土堆成高高的土墩。這些土墩通常堆放在水流附近，其中大量的土石會被水流沖走，因而污染了水流，也污染了水流灌注的湖泊和水路。遭到剝蝕的土地，也可能造成土石坍方；這樣一來，整個環境就因為露天採礦者的作為而受到損害。

然而，這些都不是露天採礦過程中必然會發生的情況。雖然一個人可以對他所擁有的土地為所欲為，但是如果他所損害的土地是屬於其他人的，他就應該負擔損害的成本。例如，如果露天採礦者的活動導致了土石流，因而破壞了其他人的土地和財物，他就要負起責任。他的部分責任可能是重新耕種（reseed）或用

其他方式復育土地，以排除未來發生土石流的可能性。要是露天採礦者必須為自己的活動負擔全部成本，而且如果下游的地產所有人因為不願接受損害賠償，而取得了預防禁令（preventative injunction）的話，污染情況就會終止。

最重要的是了解到，目前存在於污染和露天採礦之間的關連性並非原本固有的，而是應該歸因於：未能將禁止非法入侵私人土地的普通法，拿來規範露天採礦者的行為。試想其他被允許以類似方式違反法律的產業，諸如呼拉圈業。呼拉圈業和污染之間可沒有什麼必然的關連。但是，如果過量的塑膠廢棄物是可被允許的，那麼至少在一般大眾心中，這個產業和污染很快就會產生關連性。由此便不難想見污染會和煤礦開採業有關，尤其是和露天採礦有關。露天開採煤礦這個方法本身根本不會導致任何污染。只因非法入侵私人土地的法令，尚未被嚴格落實在露天採礦者身上，才會使得露天採礦和污染之間產生連結關係。要是能確保這些法令完全被遵守，這個反對露天採礦的論點就會消失。

另一個反對露天採礦者的論點是：露天採礦破壞了地貌的天然之美。這充其量只能說是一個薄弱的反對理由，因為每當說到美麗或美學時，根本就沒有客觀的標準。某人視為美麗的事物，對另一個人而言可能是醜陋的；反之亦然。露天採礦確實剷除了土地上的植被、青草和樹木，讓一片蒼翠茂盛、富饒肥沃的景觀，變成堪稱是荒涼的沙漠。但是有些人就是偏愛沙漠的荒蕪和空曠啊！美國亞利桑納州的多色沙漠（Painted Desert）、猶他州

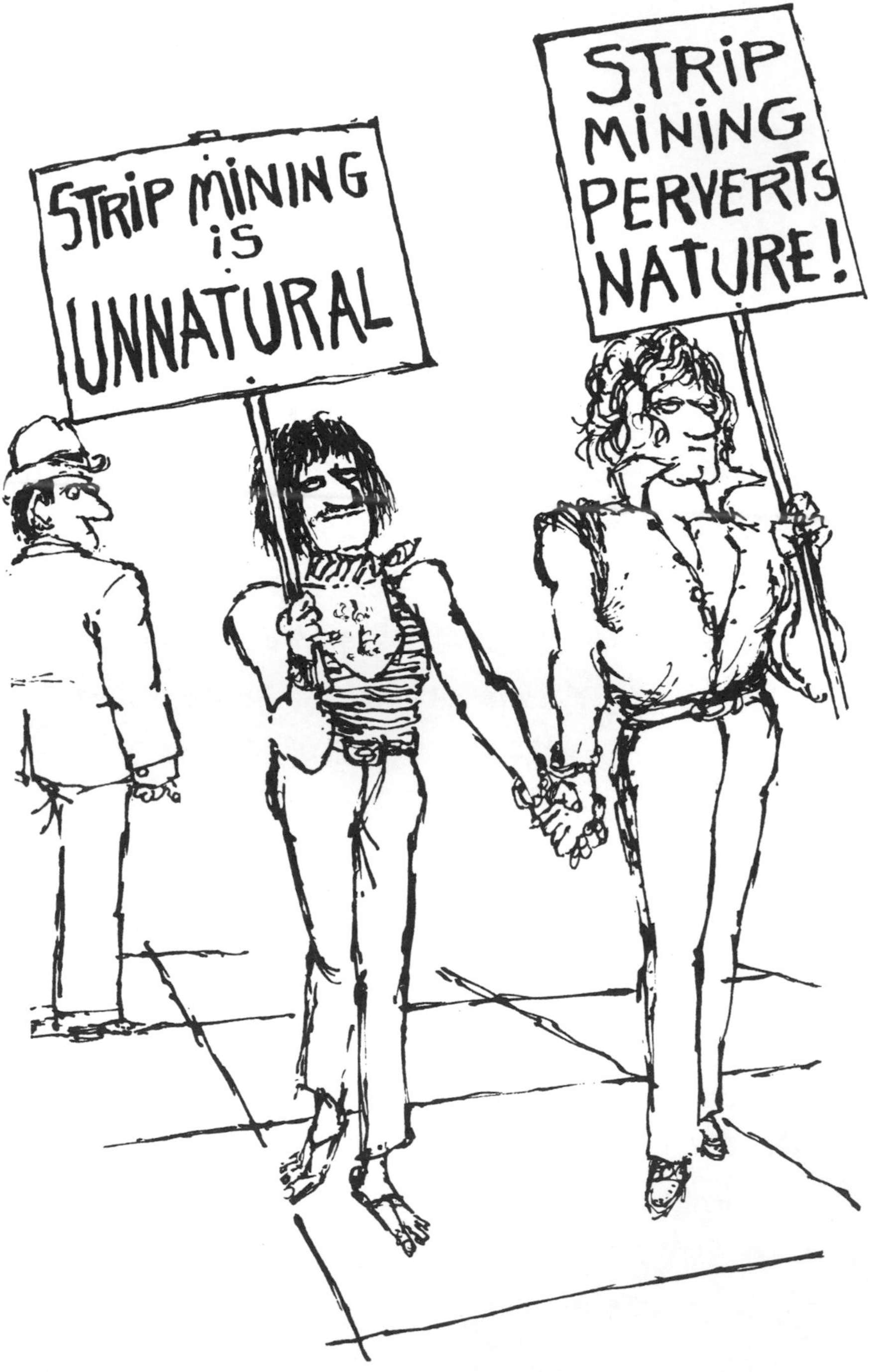
STRIP MINING IS UNNATURAL
STRIP MINING PERVERTS NATURE!

的鹽灘（salt flat）和科羅拉多大峽谷都被許多人視為是非常美麗的地方。

如果伴隨著天然美麗而來的附屬品之一，就是對照之下形成的反差，那麼露天採礦者在阿帕拉契山區（Appalachians）繁茂林木間所造成的一小塊、一小塊荒蕪土地，實際上反而增添了景色的美麗。所以我們當然不能基於露天採礦者破壞了地貌之美的理由，就明確且客觀地怪罪於他。但是，諸多關於美學評斷標準的討論，並無法解決批評家所提出的議題，因為這個問題不全然和美麗有關，儘管它被用詞藻包裝得煞有介事。真正的反對理由似乎是：露天採礦是一個躁進的工業社會對於自然的侵擾。土地應該被保留在其「天然狀態」的觀念，好像是很管用的反對意見。然而，如果「自然原貌」的熱愛者和保護者有權阻撓露天採礦者的營運，那麼他們就有權阻止農人整頓尚未開發的土壤，並在其上種植栽培，也有權阻礙建商興建大樓、橋樑、工廠、機場和醫院。這個「出於保護自然的論點」根本就是在對抗文明，以及人類運用他們的智慧。

其實，譴責露天採礦「危害自然」的那群人當中，有許多在碰到其他基於相同理由而遭到反對的情況時，例如同性戀或異族通婚（miscegenation），反而會嚴加駁斥。他們會指出，鮮少事

〔前頁圖文，左至右〕
露天採礦是違反自然的。
露天採礦是不正常的！

物對於人類而言是「自然的」，而且有些時候，所謂的自然——例如，可能引發殺機的盛怒——未必是最好的。文明有相當大程度是仰賴我們能夠超越自然。

　　要指稱某事為「自然」或「不自然」，並不是要針對那件事的內在價值做出任何評論。一件事的價值取決於它是否滿足了我們的需求，並且對於我們的福祉做出貢獻。當露天採礦是被理性評估時，就會符合這些更為理性的評判標準。

隨地亂丟垃圾的人
The Litterer

今日，我們大概找不出幾個人肯為隨地亂丟垃圾的人辯護。他們受到各方夾攻，承擔社會改革者（do-gooder）的猛烈抨擊。廣播電台和電視台把播送反對亂丟垃圾的訊息當成是一種「公益服務」；鄰近地區、家長教師聯誼會、宗教團體和公民組織也在這個議題上取得共識。至於必須忽略許多太具爭議性話題的電影工業，則是在憎恨亂丟垃圾這件事上出現了大團結。垃圾，是促成統一的最佳催化劑。

然而，有一個看似微不足道的細節，推翻了反對垃圾和隨地亂丟垃圾者的理由。垃圾**唯有**發生在公領域，才能稱之為垃圾，在私領域則**絕對不是**。那些把垃圾假定為罪惡的廣告，都是刊登在公路、海灘、街道、地下鐵、或公廁裏──全是**公共區域**。這並不是因為**絕大多數**隨意棄置垃圾的行為，都只發生在公共場所。這是一個有待界定的問題。如果某個行為在**所有**其他面向都很近似於隨意丟棄垃圾，但發生的地點是在私人場所，那麼，這個行為就不會被視為是亂丟垃圾。當一大群人離開棒球場、電影

院、劇場、音樂廳或馬戲團時，遺留在座位和走道上的東西就**稱不上**是垃圾。那是殘餘的食物或無用的東西，但不是垃圾。在市區正常的工作時間之後，會有一大群清潔工蜂擁至私人所擁有的銀行、商店、飯店、辦公大樓、工廠等。他們所做的工作是**清潔環境**，絕不是收拾垃圾。與此同時發生的情況是，公共環境衛生部門要負責清潔公共街道和人行道，撿拾**垃圾**。

目前，在公共場所丟棄垃圾和在私人場所丟棄垃圾，這兩件事情之間並沒有真正的區隔。我們沒有理由只稱前者而非後者為「隨地亂丟垃圾」，因為在這兩個情況下，人們所從事的行為是一樣的。在這兩種情況下，製造垃圾都只是生產過程或消費過程的附屬品。

在某些情況下，先隨意丟垃圾，之後再撿起來，是最佳的解決方案。例如，要木匠一邊工作一邊清理木屑，實在太浪費時間。讓垃圾累積一天或一段時間再清掃，自是更為簡單、不費力。工廠經理**大可以**發起反「垃圾」運動，迫使木匠不得在工作區域內堆積任何木屑。他甚至可以下令威脅要處以五十美元的罰金。然而，這些規定可能會逼使木匠求去；抑或，如果木匠並未辭職，但生產成本將會超出合理限度，結果等於把生意讓給競爭對手。

從另一個角度看，在醫院裏，隨意亂丟垃圾則是不允許的。手術房、看診室或治療室都必須衛生清潔、擦洗乾淨、沒有殘餘。在醫院這個地方，若未能推行大力反垃圾的運動，一旦醫院

「……嘿，你這笨蛋，想被開一張亂丟垃圾的罰單嗎？把那個火柴盒撿起來！」

不衛生這件事被傳開來，將使得醫院管理者陷入財務困境。

接著改由消費過程來看。例如，大多數餐館並未推行反垃圾運動。餐廳牆上並沒有張貼標語禁止客人將刀叉、紙巾或麵包屑掉在地上。雖然餐廳**大可以**禁止亂丟垃圾，但是顧客也可以換別家餐館。

這些看似大不相同的例子，其實都有一個共同點，說明了在**市場上**，最終仍是要基於消費者的希冀和渴望，來決定我們是否准許亂丟垃圾，以及我們可以允許多少的垃圾量！這個問題不能過於簡化處理，也不能只是眾口同聲高呼「驅除亂丟垃圾的人」。相反地，我們必須審慎地衡量累積垃圾的成本和效益。如果到了收垃圾成本很低，而累積垃圾所造成的傷害很大的程度，收垃圾的頻率自然就會變高，並且會對隨地亂丟垃圾處以高額罰款，就如同前述在醫院亂丟垃圾的例子一樣。但如果收拾垃圾的成本很高，累積垃圾所造成的傷害很小，那麼收拾垃圾的頻率就會降低，也不會對亂丟垃圾處以罰款。這些政策上的差異並不是任何政府法令的結果，而是市場過程的結果。未能依循精確成本效益分析的業者，將會失去顧客：無論是直接失去顧客（使他們憤而不再光顧）；或是間接失去顧客（因為營運成本升高使得競爭對手享有價格優勢）。

制度若是以人們的需求和渴望為考量，其實是非常有彈性的。無論是在哪一種情況下，有關亂丟垃圾的政策，都要依照特定情境的需求來量身打造。再者，唯有這樣一套制度，才能快速

地因應變化——無論是收垃圾的成本或是不收垃圾所造成的傷害。例如，如果醫院設立了某項制度，使得收垃圾的成本變得微乎其微，或是，如果消費者對於垃圾的看法大為改觀，那麼醫院行政人員便必須放鬆他們嚴厲的反垃圾立場。未能適應新科技和消費者喜好的醫院，往往會把病患白白送給競爭的同業。（這些是私人營利的醫院才會碰到的狀況。經由強制性稅收取得資金的公立醫院，則沒有這樣的誘因去迎合顧客。）

　　反之，如果我們察覺被丟棄在棒球場座位底下的汽水罐和爆米花盒子，是疾病的媒介，或是會干擾觀眾欣賞比賽，球場老闆就會**自動地**變更有關亂丟垃圾的規定，無須藉助於任何的政府法規。

　　當思考在公共場所亂丟垃圾這個問題時，並沒有一套細緻且適當的制度以因應人們的需求和渴望。相反地，公共場所是政府的地盤，政府以頗為漫不經心的態度來對待消費者的需求，實際上就是視而不見。唯一會處理人們愈來愈想亂丟垃圾這個問題，而且堅決想消除人們這個渴望的，就是公營事業；因此，他們往往拒絕適應消費者的渴望或日新月異的科技。[1] 然而，法律就是法律。政府可以用這樣的方式運作，因為它自外於市場。政府並不

---

[1] 唯有非營利的政府機構，才可能對於消費者日漸渴望使用道路（交通癱瘓）這件事做出反應，亦即揚言禁止車輛通行。唯有沒必要賺取利潤的政府機構，才可能對於消費者日漸渴望使用公園這件事有所回應，亦即規定人們入夜後不得進入公園。

是從自願交易的市場過程中賺取營收，而是經由徵稅，這個過程和政府滿足顧客的能力毫不相關。

政府反對亂丟垃圾所持的論點是，這個做法乃是對他人權利的不尊重。但是，這個論點並不正確。考慮「在私人場所丟棄垃圾」這個例子。如果垃圾侵犯了他人的權利，而且未能考量到其他人的不舒服，那餐廳、棒球場、工廠等地方的「垃圾」又怎麼說？棄置在私人市場的垃圾，才是**滿足**消費者渴望舒適自在的手段。丟垃圾就和吃東西一樣，都不會侵犯餐廳老闆的權利，因為垃圾和食物都是顧客**花錢**買的。

對於政府未能在公部門維持一套彈性的（在公共場所）丟垃圾政策，我們該如何去解釋它？這不全然出於漠不關心，雖然全面禁止某件事，要比透過合理的處理方式要來得簡單許多。我們的解釋是，所有的政府，無論多麼感興趣、關心或照顧民眾權益，都無法維繫一套彈性化的丟垃圾政策。這樣的政策必須由價格制度來支撐（即盈虧制度），以評估丟垃圾的成本和效益，並自動地懲罰未能相應調整的管理者。如果政府制訂了這樣一套制度，那就不再是一套官方制度，因為它無法仰賴政府的淫威（bete noire）——亦即，和充分滿足消費者需求毫無關聯的賦稅制度。

政府的不知變通，偶爾也會有奇怪的轉變。多年來，紐約市政府一直無法有效地禁止狗主人縱容狗兒在街道和人行道上隨地大便。現在，打著「兒童優於狗兒」的旗幟籌組而成的多個公民

團體，正在推行一項禁止狗在任何街道或人行道上大便的運動。然而，政府和公民團體卻完全忽略了市場的彈性。他們沒想到可以**限制狗只能在某些地方大便**。這可以看成是在「全面禁止」和「任由狗隨地大便」之間的一個選擇。試想，如果街道和人行道為私人所有，將會帶來哪些好處？其結果就是彈性更大，因為業者可以設計出能夠滿足**正反兩方**的方法而得利。

有些人可能會基於如下理由而反對人行道的私有化：狗主人將必須付費使用「狗特區」（dog lot）。而假設並沒有禁令禁止狗大便，他們現在是可以免費使用任何地方的。但這樣的說法並不正確，因為沒有人（包括狗主人在內）是免費使用人行道的。人行道以及政府所提供的所有財貨和服務，都是由公民經由稅賦所支付的！公民不只支付最初建造人行道的成本，還支付了保管、維修、監管和清潔服務的費用。

雖然很難在這個議題上去預期自由市場的確切運作方式，但我們還是可以大膽提出一些猜測。也許，有幾個腦筋動得快的業者，將會設置圍上柵欄的沙地供狗使用。這些業者可以分別簽署兩份契約；一份是和狗主人，詳細規定沙地的使用費；另一份則是和垃圾車主，明訂維持這些區域清潔的成本。就和任何服務一樣，這些區域究竟要設在什麼地方以及數量多寡，都將由利害關係人的需求來決定。

有鑑於政府的缺乏彈性，而且顯然對於滿足公眾偏好興趣缺缺，（在公共場合）亂扔垃圾的人將被如何看待？如果這類人得

以自由行事的話，他們對待公共財產的方式，將會和他對待私人財產的方式頗為類似。也就是說，他們會在公共財產上隨意丟棄垃圾。我們業已證明，丟垃圾這個行為在本質上一點也不壞；而且，要不是因為政府的「食古不化」，在公共場所丟垃圾，將會和在私人場所丟垃圾一樣廣為接受。這項活動應該由人類需求來規範，而非以政府法令來管制。

因此，我們必須做這樣的結論：在公共場所亂丟垃圾的人非但不是公敵，實際上還是一個英雄。儘管那些強烈指責亂丟垃圾的團體，直接把矛頭指向他們，他們還是展現出非凡的勇氣。更重要的是，亂丟垃圾的人（刻意地「玩弄法律」）可說是對抗不公平制度的抗議之聲。

劣等品製造商
The Wastemakers

　　人們一向懷疑基本的商業運作方式，就是刻意地製造劣等商品。他們假設商人並不想生產高品質且持久耐用的產品，只製造「內建」（built-in）或「計畫好」（planned）要汰舊換新的劣等品。等這些產品耗損了，就必須加以汰換，而製造商就能永保生意興隆。這個觀點（即使有些隱晦，但無所不在）自從幾年前凡斯・帕卡德（Vance Packard）所著《劣貨製造商》（*Waste Makers*）[1] 一書出版以來，便受到不必要卻廣泛的關注。

　　「內建」汰舊換新的說法並不正確。然而，隨著生態運動和新馬薩爾斯主義（neo-Malthusian）「人口零成長」擁護者的出現，破除這項謬誤的迫切性更甚於以往。根據人口過剩主義者（over-populationist）的看法，**相較於地球資源**，我們已經、或很快就會人口過多。在環保人士看來，我們（即自由市場制度）正在消耗所擁有的資源。另一些人的看法則是，內建汰舊換新是資

[1] Parkard, Vance, *Waste Makers*, David McKay, 1960.

源耗費當中一個悲慘且完全沒必要的要素。總之,這些團體對於這個健全且運作正常的經濟制度,構成了智識上、道德上甚至實質上的威脅。

在開始評論時,先提一個老生常談的道理是很重要的。以「適當的」方式製造產品(因而不會在「保固期限」之前耗損),其成本究竟會不會比較高?而產品之所以品質低劣,是因為製造商指示勞工生產劣等品,抑或製造劣等品的成本較低?

有關內建汰舊換新的一個實情是:廠商製造劣等品,並不能省下任何成本。內建汰舊換新,就像是在一件原本相當完好的商品中安裝了一顆定時炸彈——雖然消費者不知情,但產品已設定日期會「自我毀滅」。這個做法顯然很浪費。套一句經濟學用語,社會等於放棄了那個無須替代成本的高品質產品。

然而,這樣的行為並不會出現在以私人企業為主的市場經濟裏,因為這並非生存之道。而計畫好汰舊換新的商人,其利潤將會減少,虧損將會增加,最終宣告破產。如果某家公司以標準價格販售品質低劣的商品,顧客必定會停止上門,轉而光顧其他以相同價格販售標準品質商品的公司。這家公司的顧客將會流失,不會因為成本較低而獲得任何好處,至於其他公司則是會獲得劣等品製造商所流失的顧客。

但是,許多消費者的恐懼並非單一商人製造內建汰舊換新的產品,而是全體製造商都這麼做。可想而知,碰到這樣的情況,消費者將會陷於困境。

　　如果某個產業的所有製造商協議籌組卡特爾（cartel），生產低品質的產品以增加汰舊換新產品的銷售量，其後果將如何？情況似乎很明顯，身為協議一方的每個製造商，都會很想提高產品品質——換句話說，就是違反協議。因為，如果其他廠商的產品品質都一樣低劣（一如他們先前所議定），那麼他所製造的產品只要品質稍好一點，就能贏得顧客青睞，增加獲利。即使集體調降品質有其獲利動機（這正是廠商籌組卡特爾的誘因），但組織成員還是不太可能誠實遵守協議。

　　其次，未參與卡特爾協議的商人將有極大的誘因進入這個產業。只要他們的產品比加入卡特爾的製造商稍好一點，便能吸引顧客並獲致利潤。

　　弔詭的是，當卡特爾愈成功，有意瓦解它的力量就愈強大。因為卡特爾愈壯大，產品品質就下降得愈厲害。而品質愈是低劣，要吸引這些顧客就會變得更容易。即使品質只是稍微有提升，也能搶到顧客。

　　廣告也會加速（試圖限制品質的）卡特爾組織的瓦解。事實上，廣告在一開始就傾向於妨礙卡特爾的組成。廣告建立了品牌知名度，附帶商譽。品牌知名度代表了品質的良窳。如果公司允許產品品質惡化，將會失去了公司斥資數百萬美元才建立的商譽。

　　像是「消費者聯盟」（Consumers Union）這類獨立評等機構，也會妨礙卡特爾的籌組，並且在卡特爾確實成形時加以瓦解。透過嚴格監控商品的品質，即使品質只是稍微下降，這類評

等機構也會告知大眾。

最後，即使全體成員信守協議，而且沒有外來者進入，限制品質的做法失敗的機率還是偏高，不太可能成功。因為要所有製造商都把品質壓低到同一個程度，根本就不可能。調降品質最少的廠商，自然會贏得更好的聲譽、更多的顧客和更高的利潤。市場一直都是個試驗場——剔除製造劣等品的公司。沒能通過市場檢驗，就意味著破產；通過了檢驗，便得以生存。

照這樣看來，卡特爾顯然無法在自由市場中生存。但是，如果政府介入，卡特爾就可能延續，並在產品中內建汰舊換新。例如，當政府設下類似基爾特（guild）的規定，禁止外來者進入某特定產業，卡特爾就會因為競爭對手受阻而更形壯大。原本在這產業的廠商，其利益就會受到保護。無論他們已經彼此談定的是什麼協議，都可以繼續維持。雖然說一切都要視政策內容而定，但如果他們同意限制生產品質，那麼這套政策就很可能成功。政府參與的後果可以分成好幾個方面來看。在「美國醫療協會」（American Medical Association）的強烈要求下，政府成功地禁止使用針灸療法。針灸治療師危及了有照醫師的地位，因此，功能近似於卡特爾的美國醫療協會，就對他們大力施壓。同樣地，在政府的協助下，心理學家、精神醫療專家不斷騷擾和他們相互競爭的執業人員。他們企圖禁止所有無照執業的人，例如會心團體（encounter group）的領導人等等。

有時候，促成卡特爾瓦解的內在趨力，也會受到政府從中阻

撓。鐵路業者的卡特爾組織，就是一個恰當的例子。身為鐵路卡特爾會員的公司，協議刪減服務班次以提高票價。但是，可以預見的是，票價愈高，乘客就愈少。於是，鐵路公司紛紛開始調降事先協議好的票價，試圖吸引其他鐵路公司的顧客。這當然會摧毀卡特爾。至於鐵路公司調降票價的做法，則是以退還部分票款的形式進行。然而，政府非但沒有讓這個做法繼續下去，順勢摧毀製造劣等品的卡特爾，反而禁止鐵路公司退還部分票款。從此，鐵路業至今尚未恢復元氣。

政府促成內建汰舊換新的第三個方法，就是扶植那些因為產品品質低劣而無法在市場上存活的公司。政府提供給企業的絕大多數補助，都只是為了扶持那些無力滿足顧客而搖搖欲墜的企業。

讓我們來思考另一個情況，亦即「提升產品品質要花更多的錢」。從以下的分析可知，情況正好相反。在未受干預的市場裏，這種「內建」汰舊換新每天都會發生，但是這絕不是浪費或毫無意義！這正是消費者在抉擇品質時的關鍵所在。

下表中，我們假設了有關汽車輪胎的成本和每一個輪胎的壽命期望值。

品牌	成本	平均壽命
A輪胎	10美元	1年
B輪胎	50美元	2年
C輪胎	150美元	5年

購買輪胎時，消費者面臨的抉擇就是：高品質的高價輪胎，或是低品質的低價輪胎。我們當然不會預期10美元的輪胎和150美元的輪胎壽命一樣長！前者在製造時，就是刻意要讓它比較快磨損。這可能就是所謂的「內建」汰舊換新。但是，這哪裏有浪費資源呢？根本就沒有。廉價輪胎的製造商並沒有在一個無助的消費者市場中，從事騙人的勾當。他們並沒有設陷阱引誘人們購買低品質的產品。他們只是製造顧客想要的東西。如果某些低品質輪胎的製造商被生態學者所說服，認為他們的產品是「浪費資源的」，因而停止生產，那麼僅存的低品質輪胎的價格將會上揚，因為供給減少了，需求還是存在。這將會為製造商帶來不可抗拒的誘惑，迫使他們重新回到（或是初次加入）低品質輪胎這個領域，因為利潤提高了。這樣的市場，可以為消費者帶來滿足感。

我們可以拿低價紙盤子為例，更進一步闡明這個論點，亦即：當低品質產品的製造成本，比高品質產品更低時，內建汰舊換新便不是浪費資源。誰曾經想過要責怪紙盤子製造商在產品中內建汰舊換新呢？然而，輪胎品質的價格選項組合就和紙盤子一樣，按照售價由低到高，人們可以購買紙盤子、品質不等的塑膠盤、陶土盤，直到品質最好的瓷盤。

人真的很奇怪，他們會把汽車故障歸咎於內建汰舊換新，卻**不怪罪**一下子就不能用的紙巾。但是在這兩個例子裏，其實**都有**高價、高品質的商品。選擇權在消費者的手上。抱怨低品質汽車

會故障，就和抱怨紙杯無法使用很久一樣沒道理。價格較低的產品在製造時，本來就不是要和較昂貴產品一樣持久耐用！那也正是低價品較便宜的原因。顯然，反映消費者喜好的內建汰舊換新，並不是在浪費資源。

然而，低品質本身耗盡了我們的資源，這難道不是浪費嗎？即使紙盤子內建汰舊換新並沒什麼大不了，但是紙盤子本身耗盡了木材，這難道不是浪費資源嗎？

這種觀點的問題之一就是，我們假設了低品質產品所消耗的資源，比高品質產品更多。的確，產品品質愈低，有必要進行更換和修補的可能性就愈高。但是，從另一方面來看，品質更高的產品在一開始就用掉更多資源！這個問題真的是要切成兩個面來看：一個就是初期花費很高、而後續花費較低的高品質產品；另一個則是初期花費很低、但後續花費（修補、替換）很高的低品質產品。

在自由市場裏，**消費者**在這些不同的選項之間進行抉擇。廠商在製造產品時，是以從**消費者眼光來看**最不浪費資源的方式。有鑑於時裝潮流的快速變動，如果消費者認為購買可以穿上五年或更長時間的服飾是浪費的，那麼製造商會發現，生產較不耐穿、便宜一點的服飾才更有利可圖。如果市場有需求，製造商甚至可以提供紙做的衣服。同樣地，如果消費者想要更經久耐用的車子，製造商就會提供這類車子。如果消費者想要汽車耐用，又要既有的配備和舒適感，那麼汽車售價自然會變高。如果消費者

喜歡，製造商還可以以低品質汽車的售價，提供他們耐用的車子，只不過這樣就沒有一些額外配備。

還有，在一個自由市場裏，「耗盡」資源並不會構成嚴重的威脅。產生匱乏時，自然會有強大的力量自動加以修正。例如，如果木材全部短缺，其價格便會被迫上漲，因此，消費者就會購買較少木製品。生產者往往會盡可能從別的地方找到其他材料以取代木材。櫥櫃、家具、船隻等將會改採其他較為便宜的材質。新的（可能是合成纖維）材料也會被開發出來。我們將會更用心回收突然變得貴重的「舊」木材。例如，人們會花更多心力以化學方式處理，並重複使用過期的新聞用紙。木材價格的日益上揚，將會成為業者栽種更多樹木和更審慎保育森林的誘因。總之，即使只缺乏一種或甚至好幾種資源，自由經濟都會自動地進行調節。只要自由經濟的調節機制（即價格制度）不受干擾，其他更便宜、更豐沛的資源就會被拿來做為替代品，而短缺的資源則會獲得更妥善的保存。

但是，人們可能會問，如果不只是一種或幾種資源短缺，而是所有資源都這樣，那會出現什麼情形？如果我們耗盡了所有的資源，將會發生什麼事？這是屬於科幻小說的題材，因此我們必須稍微讓自己沉迷於科幻小說的情節中，才能處理這個議題。但是，我們不能假設任何事物都如同被施了魔法一般，從地球上消失。如果這樣的事情真有可能發生，那麼我們也無法提出什麼有用的建議了。

為了了解這個觀點，我們不會假設所有資源突然消失，或地球忽然縮小或變成不毛之地，而是假設經濟資源被消耗殆盡，全數變成灰燼、廢物和塵土。例如，我們不會假設煤炭全數消失，而是假設它被燒完了，取而代之的是焚燒過程中所產生的灰燼、塵土、污染物和化學衍生物。同樣的道理，我們也會假設其他資源都被「用罄」的情況，亦即，這些資源對我們而言變得毫無用處的時候。

要克服這層恐懼感，我們一定要牢記兩件事。首先，我們大有理由相信，現有資源用罄之際，新的能源將會被發現或發明。我們沒有理由假設未來的情況不會如此。人類已經經歷了石器時代、青銅時代直到鐵器時代。當煤炭來源耗竭，石油取而代之。相信在石油之後，還會有其他能源，只是目前還不太清楚。忽略這個科技現象，就是無可救藥地扭曲了這個議題。

第二，我們必須了解，所有能源的直接或間接來源都是太陽。它是我們目前所使用的每一種能量的來源，也會是未來我們的科技可能會生產的任何一種能量的來源。但是，太陽本身將不會永久存在。當太陽消失，人類亦隨之滅亡，除非我們的科技先進到足以再供給太陽能量，或是把人類安置到另一個星球上，而且有著一顆年輕的太陽。當這一天到來，我們是不是會擁有這樣的技術足以完成這件工作，端視我們現在所做的決定。如果我們開發地球資源；運用資源；找尋這些資源的替代品；並且從諸如此類的能源開發工作中學習經驗，那麼我們的科技將會繼續發

展。如果我們沒能這麼做，受到恐懼所驅使，對於自己因應挑戰的能力毫無信心，我們將抱守著當前既有的資源，不會再有任何更進一步的成長。放棄先進的科技，我們會抱持著鴕鳥心態，靜候太陽熄滅，世界走向盡頭，忽略了唯有人口日益增加和資源開發才能讓地球永續發展。

Part 8 | 勞動

Labor

為富不仁的資本家
The Fat Capitalist-Pig Employer

「要是沒有最低工資法（minimum wage law）和其他先進立法，那麼雇主（更精確地說，那些資本家肥豬、專門剝削人的雇主）將會但憑喜好地降低薪資。從好處想，我們可能會退回到血汗工廠（sweatshop）的時代；往壞處想，我們將退回到工業革命或是更早；那時候，人類和饑饉之間的搏鬥總是失敗……」

一般看法大多肯定最低工資法的價值。然而，接下來我們將證明這個一般看法並不正確，而且錯得離譜。這個看法假想出一個並不存在的惡棍。而最低工資法實際上究竟達成了什麼，其後果又是如何？

就字面上來看，最低工資法其實不是一套僱傭法規，而是一套失業法規。它並未強制雇主以最低工資或其他等級的薪資來**雇用**勞工。相反地，它迫使雇主**不得**聘僱某些薪資等級的勞工，亦即薪資等級低於法定最低工資的勞工；它強迫**勞工**——無論他是何等焦急想要一份工作——**不得**接受薪資等級低於最低工資的工作；它迫使勞工在面臨低薪工作或失業之間的抉擇時，只能選擇

後者。最低工資法甚至沒能促成工資上揚；只是**刪減了**不符工資標準的工作。

如果沒有最低工資法，工資該如何決定？如果勞動市場是由許多勞動供給者（受雇者）和勞動需求者（雇主）所構成，那麼工資率（wage rate）將會依照經濟學家所稱的邊際勞動生產力（marginal productivity of labor）來決定。所謂的邊際勞動生產力就是：雇主聘用某位勞工之後所獲得的額外收入。換句話說，如果公司的薪資帳冊上增添了一名勞工，使得雇主的總收入每週增加60美元，則該名勞工的邊際生產力就是每週60美元。而雇主支付給該勞工的工資率，也將趨向等同於勞工的邊際生產力。為什麼雇主會願意付這些錢？就現實面考量，無論一個勞工生產力高低，付給勞工的薪資自然是越低越好。這個問題的答案是：雇主之間的競爭。

例如，假設前述勞工的邊際生產力相當於每小時1美元。如果他以每小時5美分受僱，那麼雇主就等於每小時賺進95美分的利潤。看到這種情形，其他雇主自然會來挖角。即使他們付給這名勞工6美分、7美分或10美分的時薪，這次挖角還是值得的。而這場人才競標將會持續到時薪攀升至1美元，才告終止。因為，唯有到雇主支付的工資等同於勞工的邊際生產力，挖角的誘因才會消失。

但是，假使雇主相互之間**協議**以不超過5美分的時薪雇用勞工呢？中世紀便曾發生過這樣的情形，當時由雇主所建立的卡特

爾組織（cartel）聯合起來，並**在政府的協助下**，通過了禁止薪資等級超過特定上限的法令。諸如此類的協議，唯有在政府協助及理由充分的情況下，才得以遂行。

在非卡特爾（non-cartel）的情況下，雇主只會聘用特定數量的勞工，亦即他認為能夠產出最大利潤的員工數。假使雇主只聘請十名勞工，那是因為他認為第十名勞工的生產力，仍將大於他必須支付的工資；但如果再多聘一位，則其生產力將不及他所需支付的工資。

如此一來，如果卡特爾成功地將邊際生產力為時薪1美元的勞工工資，降至時薪5美分，那麼每位雇主自然會想雇用更多勞工。這就是著名的「需求曲線（由左至右）向下傾斜定律」；亦即，價格愈低，想要購買的人愈多。從雇主的角度來看，生產力低於1美元、因而不值得支付時薪1美元的勞工，雇主當然會希望以5美分的工資聘請他。

這導致了卡特爾的第一個瑕疵：身為卡特爾一員的雇主，將會有強烈的財務誘因而行欺騙之實。每位雇主將會設法從其他雇主那邊搶走勞工；而他能夠做到這點的唯一方式，就是提高工資。至於高到什麼程度？誠如我們之前所見，基於相同的理由，工資將會一路上探至1美元。

卡特爾的第二個瑕疵就是：即使我們假設成員間沒有「欺騙行為」，非卡特爾的雇主也會想要以每小時5美分雇用這些勞工。這通常也會使得工資從每小時5美分拉抬至1美元。至於其

「……J. T.，你必須停止這樣瘋狂地節食──就算工會
真的說你是『資本家肥豬』，那又怎樣！……」

他人，諸如在非卡特爾地區有意成為雇主的人、之前請不起勞工的自營工匠，和先前只雇用兼職勞工的雇主，將會集體促成薪資等級上揚。

即使勞工本身並不知道其他地方所給付的薪資等級，或是身處沒有其他工作機會可選擇的偏遠地區，這些助長工資上揚的力量還是會發揮作用。畢竟，交易**雙方**並不必然要熟知所有相關情勢。論者向來主張，除非交易雙方的消息一樣靈通，否則將會產生「不完全競爭」（imperfect competition），而經濟法則也將無法適用。但是，這樣的想法是錯誤的。因為勞工通常不太可能通盤掌握勞動市場，但雇主按理應該握有更多資訊——光是這點就已足夠。雖然勞工很可能不知道是否還有其他工作機會存在，但他至少很清楚自己想要的是工資最高的工作。因此，雇主只需出現在目前收入低於其邊際生產力的勞工面前，支付他更高的薪資即可。

這完全是理所當然會發生的情況。雇主的一己私利，促使他們「猶如被一隻看不見的手」引領著，設法找出低工資的勞工，提供更高的工資，並且迅速地拐走他們。這整個過程導致工資上揚，逐漸趨近於邊際生產力的水平。這不只適用於都市勞工，就連在偏遠地區、不知道有其他工作機會存在（或是即使知道也沒錢轉往他處）的勞工，也同樣適用。無知勞工的薪資等級和生產力之間的差異，誠然必須大到足以補償雇主用於「找到這名勞工」、「告知他其他工作機會」以及「送他到工作地點」的成本，

但情況一直都是如此，雇主老早就知道這點。

墨西哥的「偷渡勞工」（wetbacks）就是恰當的例子。他們幾乎不太了解美國勞動市場，也沒什麼錢離鄉背井找尋更高薪的工作。然而，來自南加州的雇主不只跋涉數百哩去找他們，還備妥卡車或旅費把他們載送到北方。事實上，就連遠在威斯康辛州的雇主，也會到墨西哥找尋「廉價勞工」（工資低於其邊際生產力的勞工）。這就是他們可能從未聽過、或覺得很深奧的經濟法則的體現。（雖然不時會傳出這些外籍勞工工作環境惡劣的抱怨之詞，不過，這些怨言主要是來自於無視經濟現實的善心人士，或是那些根本不同情這些不幸勞工是否領取與其勞力價值相符工資的人。至於這群墨西哥勞工，**他們自己**當然認為美國雇主所提供的薪資和勞動條件，優於家鄉的其他工作機會。有關這點，從他們願意年復一年地在收穫季節來到美國，可見一斑。）

因此，介於西方文明和退回到石器時代（stone age）之間的，並非最低工資法，而是市場力量和創業家（entrepreneur）追求最大利潤的行為，這些將確保工資不致低於生產力水平。至於生產力水平本身，乃是取決於科技、教育與社會的資本設備（capital equipment）數量，而非基於立法機關所制訂的「社會先進」法規數量。最低工資法並未做到其內容所宣稱的事情。那麼它**到底**做了些什麼？實際造成的後果又是如何？

如果立法規定工資由 1 美元調漲至 2 美元，一般勞工會作何反應？如果他已經是全職勞工，那麼他可能會想延長工時。如果

他是兼職或失業，幾乎可以確定他會想要找更多工作。

從另一個角度看，一般雇主將會有截然不同的反應。他會想要解雇所有他被迫必須為他們調薪的勞工。（否則，他早在被迫這麼做之前，就會替勞工加薪了。）如今，隨著工資調漲，他勢必得提高產量，但他很可能無法立即調整以適應這個新情況。於是，眼看時間的流逝，他將會以較少數、但技能較純熟的勞工，佐以更精密的機器，而汰換掉工資異常昂貴的低技能勞工，以確保總生產力維持不變。

初學經濟學的學生都知道：一旦制訂了高於均衡的價格水平，其結果就是造成剩餘（surplus）。在這個例子裏，當最低薪資等級高過每小時 1 美元，結果就是導致勞動力過剩——換個說法就是失業。這聽起來或許悖於常理，但最低工資法**確實**導致失業。在薪資等級變高的情況下，由於願意工作的人更多，因而可取得的工作機會自然更少。

唯一有爭議的問題是：最低工資法究竟導致了多少人失業？這完全看低技能勞工被純熟勞工和精密機器替代掉的速度有多快。例如，在近代史上，當最低時薪由 40 美分調漲至 75 美分時，電梯操作員便開始被替換掉。雖然這花了好些時日，但如今絕大部分電梯都是自動的。同樣的遭遇也發生在低技能的洗碗工身上。他們已經被（至今仍在進行中）自動洗碗機（由技能介於純熟和半純熟之間的勞工所操作和維修）給替換掉。這個替代的過程不斷持續。當最低工資法被套用到愈來愈多市場部門的低技

能勞工,再加上薪資等級不斷調升,將會有愈來愈多低技能的勞工失業。

最後,很值得注意的是:最低工資法只會直接影響到那些收入低於最低工資的人。一項要求人人至少應被給付時薪2美元的法規,對於時薪10美元的人根本毫無影響。但是,在一廂情願地假定最低工資法只會促成低薪勞工獲得調薪之前,試著想想,萬一出現一條規定時薪100美元的法規,後果將如何?我們當中有多少人具備如此旺盛的生產力,以致於雇主願意支付每小時100美元來換取我們的勞動?唯有被認定值得高薪聘請的人,才能保住他們的工作,其餘的人則會失業。當然,這個例子很極端,但是,如果這類的法令獲得通過,並已經在執行,事情就可能會這樣。當工資礙於法令規定而不斷調升,低生產力的勞工將會被解雇。

誰是最低工資法的受害者?答案是:生產力水平低於法定最低工資的低技能勞工。黑人男性青少年的失業率,通常預估(或被低估)為50%;約是1933年經濟大恐慌時的3倍。而這個比例甚至還沒把以下這些人列入考慮:亦即面臨失業率高漲的情況,已然放棄找工作的龐大人口。

上述情況所呈現的收入損失,只不過是冰山的一角。更重要的是,這些年輕人失去了原本有機會獲得的在職訓練。假使他們是在時薪1美元(甚或更低)的條件下有工作做,而非在時薪2美元的情況下失業,那麼他們便可以在工作上學習技能,得以提

升生產力，並在未來賺取高於2美元的時薪。相反地，他們如今被迫淪落街頭、無所事事，他們學到的只會讓他們在將來換得牢獄之災。

　　黑人青少年所面臨最大的障礙之一，就是找到他的第一份工作。每個雇主都要求要有工作經驗，但如果根本沒人要雇用這名年輕黑人，他如何能夠得到工作經驗？這並不是因為某些「雇主共謀」貶抑弱勢族群，而是因為最低工資法的緣故。如果雇主**被迫**支付所有勞工相當於經驗豐富勞工的工資，那麼他只想要有經驗的勞工，這當然不足為奇。

　　弔詭的是，許多黑人青少年的價值高於最低工資，但卻因為最低工資而失業。為了讓雇主願意以最低工資法所規定的2美元時薪雇用他，光是價值2美元是不夠的。你必須讓雇主**相信**你有時薪2美元的身價，因為如果雇主錯看了你，他可能得賠錢；而如果他太常看錯人，那麼他可能會破產。在最低工資法的壓力下，雇主承擔不起任何風險。不幸的是，黑人青少年往往被視為「高風險」族群。面對一個不情願的雇主時，作家歐瑞修‧艾爾傑（Horatio Alger）筆下的英雄，大可以很有氣魄地走上前去，要求雇主以微薄的工資、甚至不給付工資，讓他試作兩個禮拜。在這段期間，我們這位英雄便可以向雇主證明他的生產力值得更高的薪資。更重要的是，他等於為雇主分攤了一部分雇到一名沒經驗勞工的風險。雇主當然會順應這樣的提議，因為如此一來他幾乎不用冒什麼險。

但是，艾爾傑筆下的英雄無須和最低工資法（上述提議違反該法令）奮戰。最低工資法等於是「確保」黑人青少年幾乎沒有機會以正當手段向雇主證明其價值。

最低工資法的受害者不只黑人青少年，還包括黑人貧民區商人和企業家。如果沒有這項法令，他就可以取得廉價的黑人青少年勞工，而其白人同業不一定會這麼做。黑人雇主通常會接納年輕黑人勞工，因為他們通常住在貧民區，就近去上班也比較方便。無疑地，黑人勞工比較不會仇視黑人企業家，因而彼此的關係將更為順暢。由於這是這類型生產力的一個最重要決定因素，因此黑人雇主自然願意比白人雇主支付更高的薪資，而依然有利可圖。

和黑人勞工下場一樣不幸的，則是身心障礙勞工（跛腳、視障、聽障、被截肢者、癱瘓者和智能不足者），而且最低工資法為他們造成了更大的悲劇。最低工資法實際上等於是讓逐利的雇主不要雇用身心障礙者，才不致觸犯法規。如此一來，身心障礙者想要稍稍自力更生的希冀全數粉碎。他們所面臨的抉擇就是：賦閒在家，抑或接受政府的輔導就業計畫；然而，後者所提供的工作內容盡是些瑣事，因此就和失業一樣令人意志消沉。

近來，部分身心障礙人士（輕度身心障礙者）得以免受最低工資法限制。因此，雇用「輕度身心障礙者」便符合雇主利益，使得他們現在有工作可做。但是，如果人們已經了解到最低工資法損及「輕度身心障礙者」的就業機會，那麼我們當然也應該了

解，這項法令也危及了其他人的工作機會。為什麼重度身心障礙者就不能排除在最低工資法之外？

如果最低工資法未能保護其立意要保障的對象，那麼它究竟是為誰的利益在服務？為何這樣的法令會獲得通過？

在所有人當中，最大力支持最低工資法的，就是工會勞工（organized labor）。關於這點，我們一定得停下來想一想。平均而言，工會成員所賺取的薪資，高於時薪2美元的最低薪資等級。如果他目前的時薪已經是10美元，那麼由於其薪資已符合法令規定，因此並不會受到影響。既然如此，是什麼原因讓他如此熱情地擁護最低工資法呢？

他的關切之情和受壓迫勞工（黑人、波多黎各人、墨裔美人和北美原住民）幾乎毫無關聯。因為他所屬的工會有99.44％都是白人，而且極力抗拒少數族群成員加入勞動市場。照這樣看來，工會勞工支持最低工資立法的背後動機為何？

當最低工資法強迫雇主調升低技能勞工的薪資，需求曲線向下傾斜定律將會導致雇主以技能純熟勞工取代低技能勞工。同樣地，當主要成員都是技能純熟勞工的工會，成功地爭取到工資調漲，需求曲線向下傾斜定律便會促使雇主淘汰低技能勞工，改以技能純熟勞工取代！換句話說，由於在某種範圍內，技能純熟和低技能勞工是可以相互替代的，因此，雙方實際上是處於彼此競爭的狀態。雖然情況很可能是，需要十名或二十名的低技能勞工，才能取代二或三名技能純熟勞工，外加一台更為精密的機

器；但是就可替代性而言，尤其是長期來看，則是無庸置疑。

　　要擺脫競爭對手，還有什麼方法比透過價格迫使他們退出市場更好呢？還有什麼更好的方法，可以讓工會確保下一波的薪資調整，不至於讓雇主想要雇用低技能、非工會會員的勞工（尤其是少數族群成員）呢？答案就是促成最低工資法通過，使得低技能勞工的薪資高到雇主不想雇用他們，無論工會自己要求加薪的聲浪是多麼高。（如果少數族群能夠促成這樣一條法令通過，亦即要求所有工會成員的薪資調漲至目前的十倍，那麼他們就能摧毀工會；而且工會會員數也會急遽下降。雇主則會全數解雇工會會員，但如果在某些情況下他們無法做到這點，他們將會破產。）

　　工會是帶有目的和故意倡議這樣一項害人的法令嗎？我們在此所關切的並非工會的動機，而是法令的制訂及其後果。最低工資法所造成的後果非常慘重。它反過來壓迫貧窮、低技能和少數族群成員，而這些人正是這項法令原先立意要協助的對象。

非工會會員的勞工
The Scab

　　人們最普遍的一個看法就是：未加入工會的勞工，都很卑鄙無恥。他們不擇手段，而且暗中勾結「老闆」。非工會會員的勞工和老闆共謀，剝奪了工會會員的權利以及合法屬於他們的工作。老闆雇用非工會會員來強迫工會會員接受較低的薪資。當人們得知，其實非工會會員也被用來打擊工會會員和充當（在工會罷工時維持秩序的）糾察隊員時，他們的真面目大致上就拼湊完整了──非工會會員乃是勞工的頭號敵人。

　　這些都是許多「學習機構」教導我們的，唯有拿著學者的聲望來做賭注時，才可以挑戰它們。然而，我們一定要駁斥這些胡言亂語。

　　首先要說明的就是，工作並不是可以被勞工──或任何人──所擁有的東西；工作只是證明了勞工和雇主之間的交易。在勞雇雙方都認可的交換率之下，勞工以勞力換取雇主的錢。因此，當我們在談到「我的工作」時，我們只是象徵性地這麼說。

　　雖然我們慣用諸如「我的工作」、「我的顧客」和「我的裁縫

師」等說法，但無論是在**任何**一種狀況下，我們都不能擅自假定
擁有工作的「所有權」（ownership）。先以「我的顧客」為例。
如果照字面理解，這個說法的意思是，商人對一名老顧客的「習
慣」具有所有權。也就是說，商人**擁有**了顧客的惠顧，因此，如
果「他的」顧客光顧另一個商家，他便有權反對。

　　同樣一句話，可以作正反兩面的解釋。讓我們再以「我的裁
縫師」為例。如果照字面解釋，我們就必須說：裁縫師不得在未
經顧客許可下，擅自關店不做生意、搬家或宣告破產。

　　當然，在前述兩個例子裏，所有格代名詞（possessive
pronoun）顯然並不像字面意義一樣，意指人們「擁有」顧客或裁
縫師。無疑地，不論是買方或賣方，均無權堅決主張商業關係的
永久性；當然，除非買賣雙方已然議定了一紙長期契約。唯有到
這時候，若某一方未經對方同意即終止關係，另一方才有權利表
示反對意見。

　　現在，讓我們仔細想想「我的工作」這幾個字。當參加工會
的勞工反對非工會會員搶走了「他的」工作時，指的是什麼意
思？勞工在說這話時，彷彿是他**擁有**了這份工作。換句話說，勞
工假定了以下狀況：亦即，在為雇主服務了一段時間之後，雇主
便對員工負有義務，就好像勞雇雙方已經議定一紙契約，因而兩
造都必須嚴格遵守。但事實上，雇主從不曾像履行契約一樣對於
員工負有義務。

　　我們想知道的是，如果雇主也採用了工會勞工之所以憎恨非

工會會員的原則，勞工將作何反應。如果雇主假定自己有權**禁止**長期勞工離職，勞工又會作何感想？萬一雇主指控膽敢雇用「他的」勞工的另一名雇主為「未加入工會的人」呢？這個情形完全是相對稱的。

這個論點顯然有某個地方是錯的，因為我們怎麼可以主張：一旦人們自願地同意進行交易，他們從此之後就**一定得繼續**交易。一段自願的關係轉變成全然非自願的關係，這當中在邏輯上有何轉換？雇用一個人並不意味著雇主對於那個人擁有像蓄奴一般的權利；同樣地，為雇主工作，也不代表勞工就享有了**工作的所有權**。勞工從未「擁有」工作，而且那也不是「他的」工作，應該是無庸置疑的。因此，當非工會會員接手了過去由工會會員所從事的工作時，當中並未涉及違法情事。

至於工會會員和非工會會員之間的暴力問題，則是另一回事。率先使用暴力的一方，理應受到譴責。因此，當未加入工會的勞工發起暴力行為，我們便應該譴責他們。但是，施加暴力並不是非工會會員獨有的特性。當他們涉及暴力時，他們是以個人名義這麼做，而不是以**非工會會員的身分**。畢竟，牛奶送貨員有時也會暴跳如雷，對於非攻擊者做出攻擊行為。沒人會以此證明運送牛奶在本質上就是一門邪惡的行業。同樣地，非工會會員所使用的非法暴力，並不會使不加入工會這件事不具合法性。

近來日漸明顯的是，有關非工會會員的看法，變得混淆而且前後矛盾。傳統上最高聲譴責未加入工會勞工的自由主義者

（liberals），最近在此議題上顯得陣腳大亂。他們終於了解到，幾乎在所有情況下，非工會會員都比他們企圖取代的工會會員還要窮；而自由主義者向來總是站在貧窮勞工這一方的。此外，由於種族主義作祟，在許多情況下，黑人非工會會員和白人（加入工會）勞工相互鬥爭；墨西哥勞工和墨裔美籍勞工競爭；至於日本勞工則是對抗薪水更高的美國勞工。

在紐約布魯克林市海洋希爾布朗鎮（Ocean Hill-Brownsville）地方教育委員會的衝突，就是極其恰當的例子。在當地教育委員會的制度下，教育委員會的主委若迪・麥寇伊（Rhody McCoy；他是一名黑人）開除了多位白人教師，據稱是因為他們對年輕黑人學生做出種族歧視的行為。為回應此事，由白人主導的「教師工會聯盟」（United Federation of Teachers Union）全面罷工，癱瘓了全紐約市的教育體系，包括海洋希爾布朗鎮在內。如果海洋希爾布朗鎮這個黑人為主的學區想要繼續運作，教育委員會主委麥寇伊就必須找人替代罷工的白人教師。他的確這麼做了，而且很自然地，這些人全是非工會成員。因此，自由主義者面臨了如下窘境：一方面來看，他們堅定不移地反對非工會成員；但從另一方面來看，他們也堅定不移地反對教師聯盟的種族歧視行為。無疑地，自由主義者的看法，可說是情緒激動多於具啟發性的見解。

顯然地，非工會成員一直遭到不公平的中傷。有工作做並未賦予受雇者有關工作的任何特權，亦即，想爭取同一份工作的勞

工，當然有權競爭。不加入工會和自由競爭是一枚硬幣的正反兩
面。

工作太積極的勞工（拼命三郎）
The Rate Buster

　　在數百部以勞工為主題的電影中，如下場景並不陌生：年輕積極的勞工初來到工廠，決心成為一個有生產力的勞工。懷抱著熱忱，他愉快地工作，產量比在公司待了多年的老鳥（他們疲態畢露、彎腰駝背而且罹患關節炎）高出許多。這種人，就是所謂的「拼命三郎」。

　　果不其然，資深同事對這位年輕積極的勞工心生反感。畢竟，這使得他們相形之下顯得怠惰懶散。對比於新人的青春活力，他們的生產量確實相形見絀。

　　隨著年輕勞工不斷地加速產出，他和其他勞工日益疏離，而且變得目中無人。為了自己著想，老員工會試著動之以情。但是當他依舊不聽勸時，他們就會不跟他說話，讓他陷於孤立。

　　隨著電影繼續演下去，出現了高潮：年輕的拼命三郎如夢初醒。這個情節的呈現方式有很多種，全都非常戲劇化。也許是看見了一位垂垂老矣的病婦、一名離職工人或是一個在工廠受傷的工人。如果這部電影風格前衛的話，這個轉變可能是受到一隻貓

的影響，牠在一個被翻倒的垃圾桶周圍喵喵叫。無論是什麼方法，這名年輕人確實恍然大悟，看出了他工作方式的錯誤所在。

接著，在最後一個戲劇化的場景裏，電影通常是這樣結束：所有工人（包括幡然醒悟的拼命三郎在內）臂挽著臂齊步走，並以一名和藹、年長的工人哲學家為要角。他為年輕勞工上了五分鐘的勞動史課程，遠從古羅馬時期到現在，除了證明「老闆」向來就背信忘義之外，還不忘補上一句：勞工的唯一希望就在於「團結」。

他解釋說，勞工和資本家之間總是存在著階級鬥爭，因為勞工會不斷地爭取合理的薪資和工作條件。老闆的形象不脫試圖支付低於勞工應得的薪資，而且無所不用其極地壓榨勞工，直到他們筋疲力竭累倒為止。凡是配合老闆無止境、殘酷、且無情地要求勞工「加快速度」，迫使勞工增加生產力的人，就是勞工階級之敵。電影就以工人哲學家的結論做為結束。

這個勞動經濟學的觀點包含了一大堆謬誤，不但交相混雜，而且環環相扣。然而，我們還找得出來一個核心的謬誤。

這個核心謬誤假設了**世界上可做的工作就只有這麼多**。這個觀點有時被稱為「總勞動量」（lump of labor）的謬誤，認為全人類只需要固定數量的勞動。超過了這個數量，就再也沒有工作有待完成，因此勞工就會沒有工作做。對於抱持這個觀點的人而言，限制年輕積極勞工的生產力，其重要性優於一切。因為，這類拼命三郎如果太過努力，將會毀了每個人。由於他們「貪婪地

攫取」數量有限的工作，其他人能做的工作便所剩無幾。這個情況就好像是：可被完成的工作數量，像是一塊大小固定的餅，如果有人拿走比較大片，其他人的份就會減少。

如果這種經濟學的世界觀是正確的，那麼前述電影中工人哲學家所接櫫的理論，就確實有幾分道理。認為那些年輕積極勞工除了自己應得的那片餅之外不應再多拿，固然有其正當性；然而，事實已經證明，嚴守這個理論非但沒效率、不經濟，而且還會造成嚴重的後果。

這個錯誤觀點所奠基的假設是，人類的欲望——物質享受、休閒、智力和美學成就等——存在著一個陡急、不斷升高的邊界（boundary），在有限時間內便能抵達；而一旦抵達了那個邊界，生產就必須終止。除此之外再也沒有別的真理了。

假設人類的欲望最終可以完全被滿足，就是假設我們可以達到一個極致點，而且到了那個點，人類的完美境界——物質、智力和美學——將完全實現。這就是天堂嗎？也許。如果我們真的到了天堂，那兒將沒有「失業」問題——因為，誰還需要工作呢？

有待完成的工作數量，就和未獲得滿足的欲望一樣多。實際上，由於人類的欲望無窮，因此需要被完成的工作也就無限多。因此，無論積極求表現的年輕人完成了多少工作，他絕不可能做完全部或大部分的工作。

如果這位積極的勞工並未「搶走其他人的工作」（因為需要

做的工作數量無限多），那麼他的行為會有什麼效應？工作勤奮和提升效率的結果就是增加產量。憑著幹勁和效率，他等於是把餅做大──而這塊餅是要和所有參與生產的人均分的。

我們還應該從另一個有利點（vantage point）來看待拼命三郎型的勞工。試想有一家人因為遭遇船難，漂流到一個熱帶荒島的慘況。

瑞士籍的羅賓森一家人（Swiss Family Robinson；譯注：此為迪士尼一九六〇年出品的影片《海角一樂園》的英文片名）漂流到一個荒島上避難，他們僅有的財產就是從船上搶救下來的東西。微薄的資本財，加上一家人的勞動力，將會決定他們能否在荒島上求生。

如果我們剔除所有小說情節，那麼羅賓森一家人所處的經濟情境，就是面臨一張列不完的欲望清單，然而可供他們支配以滿足這些欲望的工具，又極其有限。

如果我們假設全體家庭成員以手邊可用的物質資源，開始認真地幹活，我們將會發現，他們只能滿足部分的欲望。

碰到這樣的狀況，如果有人「生產力特別突出」，將會產生什麼效應？假設某個小孩突然變成了一個拼命三郎，而且每天的產量是其他家庭成員的兩倍。那麼這孩子會成為家庭的禍根、從其他家庭成員手中「搶走工作」、並且為他們建立起來的迷你社會帶來浩劫嗎？

顯然，在這個瑞士家庭裏，太過積極工作並不會毀滅家園。

相反地，這個像拼命三郎一般的小孩，會被看成是英雄，因為他日增的生產力並不會招致危險，使得家人手頭沒工作可做。我們先前已經提過，無論是基於實際或理論上的原因，魯賓森一家人的匱乏和欲望都是無窮盡的。即使一家出了好幾個拼命三郎，這個家庭也个太可能因此遭遇麻煩。

如果這個拼命三郎型的小孩可以多生產十套衣服，那麼其他成員就可以不用從事製造衣服的工作，轉而獲派新的工作。此外，也必須有一段配置工作的時間，用以決定哪些工作應該進行。但是，無庸置疑，最終結果將會令這家人大大滿足。在現代、複雜的經濟體系中，儘管過程更錯綜複雜，但結果將會完全相同。例如，工作配置期可能比在荒島上更長，然而，重點還是一樣：由於有人拼命工作，生產力過人，因此社會整體將朝向更滿足和繁榮邁進。

積極工作的另一個面向就是**新**產品的創造。愛迪生、牛頓、莫札特、巴哈、（汽車大王）福特、（小兒麻痺疫苗發明者）沙克、愛因斯坦及其他許多人，都是他們所屬那個時代的拼命三郎，不是在「量」方面，而是在「質」方面。他們都「打破了」當時社會上所認定的「正常」工作速度和生產力類型；然而，這些拼命三郎對於人類文明的貢獻卻是無窮的。

除了從數量和創新的觀點來理解拼命三郎之外，我們也應該從他們促使地球得以孕育更多新生命這個角度來看。地球可以容納的人類數量，和人類的生產力水平有關。如果拼命工作的人減

少，地球可容納的人數將嚴重受限。然而，如果在每一個個別領域中，拼命三郎數量大幅增加，那麼地球就能容納日漸擴張的人口。

結論就是，拼命工作的人不但比生產速度慢、效率低的人，更能滿足人類欲望，而且還擴大了人類滿足感的範疇，而拯救了原先無法獲得滿足的人，使他們免於死亡。他們提供了可以支撐全球生育率日增的工具。

雇用童工的人
The Employer of Child Labor

在社會公敵的名單上名列前茅者，我們總能發現雇用童工的人——他們殘酷、無情、剝削、狡猾而且邪惡。在大眾心目中，童工幾乎等於奴工，而童工的雇主比起蓄奴者也好不到哪裏去。

修正這個觀點是很重要的。之所以要為他們討回公道，是因為大多數人對於雇用童工這問題的看法完全錯誤。典型的童工雇主就和其他任何人一樣親切、仁慈、充滿人性善意。再者，雇用童工是一套值得尊敬的制度，有著漫長且光榮的行善歷史。因此，真正的惡棍並非雇主，而是禁止童工在自由市場上工作的人。這些無視於現實的社會改革者，對於因此而沒工作的人造成了莫大苦難。雖然他們在過去所造成的傷害更大（當時的人更窮，更需要童工），但今日**仍然**有人身處困境。由此可見，當前的童工禁令對於他們的生活造成了無理的干擾。

首先要提出來辯護的論點就是，童工雇主並未迫使任何人為其所雇用。任何、所有的勞動契約完全是出於自願。因此，除非雙方都認為可以從協議中得利，否則根本不會簽訂契約。

但是,在什麼樣的情況下,一紙童工的勞動契約才會是完全出於自願的?「完全自願」,不正是孩童所欠缺的能力嗎?為回答這個問題,我們應審慎思考「孩童」的適切定義為何。

這是一個未曾被徹底解決的古老問題。儘管如此,我們仍要探究幾個區隔孩童和成年的年齡,並加以分析,然後提出不同的看法。

切割童年時期和成年時期的年齡有很多種,其中最早的分水嶺大多是由各個宗教信仰所提出。其中,接受堅振禮(confirmation)的年齡——通常發生在青少年階段的初期、甚至更早——就是許多宗教所界定的成年年齡。但是,除了罕見的特例之外,這個宗教定義下的成年人(實際上還是個孩子;可能只有十三歲左右)根本還不成熟,而且無力照顧自己,欠缺料理生活所需的技能。因此,這個定義成年的年齡必須遭到駁斥。

下一個代表進入成年期的年齡是十八歲。會選定這個年齡,通常是因為年輕男子到了這個年紀,便有資格被徵召入伍。但是,以這個年齡做為成年人的定義,也大有問題。我們首先要質疑的是,上戰場打仗是否為「成熟」的行為。常見的情況是,參戰和通常代表邁入成年階段的行為,實際上恰好相反。況且,唯命是從(軍人的本分)並無法被視為成人的典範。

還有一個問題就是,徵兵制(如果過去曾有過這樣一套非自願制度)成了聽命行事的重要原因。如果最初決定要服從軍令時,至少是基於自願,就好像決定加入交響樂團,而遵從樂團指

揮（有關音樂）的指令一樣——那麼，這套徵兵制度或許還有某些成人的特質。然而，即使徵兵制原本就是基於非自願主義（involuntarism），還是無法解釋為何以十八歲做為役齡。另一個以十八歲做為切割點的問題則是，我們當初探究此問題的原因就是擔心，光憑一個小孩子怎麼會有能力簽訂**自願性**契約？果真如此，我們又怎能將成年年齡奠基於徵兵這類擺明**不是出於自願**的制度之上？

　　界定成年最後一個選項，或許就是投票年齡，即二十一歲。但即便如此，仍然說服力不夠。首先浮現的問題便是，假設有好幾個（不是很多）十歲孩童比許多超過二十一歲的人，更善於掌握政治、社會、歷史、心理和經濟等因素——假定這些因素使人們能「明智地」投票。有鑑於此，人們將認為，若情況屬實，就必須加以正視，並且以推動公民運動的形式，賦予所有十歲、或不管什麼年紀的聰明孩童投票權。但如此一來，原本只允許成年人投票的做法便宣告失效。由這個推理過程可知，二十一歲也只是一個武斷的切割點。

　　同理可證，其他武斷的成年定義也都毫無意義。我們需要的並非適用於所有人（無視其能力、性情和行為）的武斷年齡限制，而是一個可以將這些特質全部列入考量的判斷標準。此外，這個判準應該要和自由人（libertarian）的財產自我擁有權（self-ownership）原則一致：亦即**植拓**（homesteading）。這裏需要的是運用這個原則（確立了財產的自我擁有權和所有權），套用在

「……我在他們這個年紀的時候，我老爸就替我在船廠找了一份差事。
我做到手都長繭了。現在的小孩如果結疤生繭，好像都是自找的。」

「孩童何時蛻變為成人」這個令人困惑的問題上。

　　這個理論是由莫瑞・羅斯巴德（Murray N. Rothbard）教授所提出。根據他的說法，孩童並不是到達了某個武斷的年齡限制才變為成人，而是因為他做了某件事，足以確立他對於自己的所有權和控制權──那就是離開家庭並且有能力自力更生。這個判準，也唯有這個判準，才能避開所有反對武斷年齡限制的意見。此外，這個判準不但和自由人主義的植拓理論相符，而且也是該理論的實際應用。藉由離家且自給自足，脫離童年的人就和植拓者（homesteader）一樣，蛻變成有自主能力的人，可以透過自己的行為改善自己的生活狀況。

　　這個理論有好幾層意涵。如果孩童蛻變為成人的唯一方式，就是生活自理，並且按照自己的意願證明他已經成年，那麼父母便無權干預這項決定。而且，父母也不可以禁止小孩離開家庭。但是，只要孩子還留在父母的房子裏，父母對於孩子便享有其他的權利和義務。（這解釋了時有所聞的父母之命的效力：「只要你還待在這個家，你就要聽我的。」）但是，父母不能做的，就是禁止小孩離家，因為這侵犯了告別童年長大成人的自主性。

　　應該要注意的是，這個從童年蛻變為成人的理論，是唯一和心智障礙問題不矛盾的理論。按照其他明確規定成年年齡的理論，一個五十歲智能不足的人，也該被視為成年人，即使他顯然不是。而為了配合這個狀況，這些理論又會再提出武斷的「特例」。但是，智能不足並不會讓植拓理論陷入窘境。由於智能不

足者並未（或沒有能力）掌握自身的所有權和成年資格，因此，無論他已經幾歲，都不能算是成年人。

當然，關於成人植拓理論最重要的意涵，就是所謂的「童」工禁令，亦即那些被界定為「未及特定年齡」的孩童。所謂的「童」工禁令之所以重要，是因為它和父母干預小孩離家的決定一樣，扼殺了「自願」長大成人的可能性。若是禁止孩童工作，那麼他離家自力更生的選擇權便被剝奪了。如此一來，他便無法「植拓自己的成年」，一直要等到他到達了「界定」成年的年齡為止。

然而，成人植拓理論並未**要求**雇主聘用意圖證明自己已成年的幼童。當然，除非雇主願意雇用幼童，否則就和父母禁止孩子離家，政府立下童工禁令一般，幼童將難以進入成年階段。但是，關鍵的差異在於，從童年蛻變為成人的**自願性**本質，並不會因為雇主拒絕雇用幼童而受到侵犯。真正的自願需要協議雙方的自願行動；雇主和員工必須取得共識。無論如何，除非員工自行立下契約，否則不可能負有積極義務（positive obligations）；而由於雇主也未事先承諾要雇用幼童，因此也沒有道德義務。（當雇主覺得聘用幼童符合自身利益時，他當然就會這麼做，就像是在法律並未禁止時他的做法一樣。）

終結童工禁令，讓孩童平和且自願地過渡到成年階段，固然很重要；但更重要的則是小規模、日漸擴張的「兒童解放」（kid liberation）運動。如果住在父母居所的孩子，要真正從父母手中

獲得解放，那麼禁止幼童享有工作機會的法令，就必須加以廢除。因為，如果幼童無法養活自己，那麼獲得了離家且在外謀生的權利，又有什麼價值？而且，按理說，如果父母加諸孩子身上的負擔太過沉重，每個孩子都應有權「開除父母」，但童工禁令卻徹底破壞了這項權利。

　　有沒有這樣的可能，亦即簽訂勞動契約的人只不過是個「孩子」，而且無論他年紀多小、經驗多麼不足等等，但他確實是出於自願？答案是肯定的。任何有能力離家且企圖自力更生的人，**就是**已經成熟到足以出於自願締結契約，因為這樣的人再也不是孩子了。誠如我們先前所見，如果答案是否定的，將使得孩童無法獨立行事，並且經由植拓而蛻變為成人。他們唯一的選擇就是一直等待，直到屆滿由社會（憑藉其無**窮**智慧）斷定進入成年必須達到的年紀。

　　然而，有關「童」工的合法化，還有其他的反對意見。人們認為，貧困孩童縱使經由植拓而步入成年，還是會被雇主所利用；而且雇主還會從孩童的困境中「牟利」。

　　但是，無論工作條件多麼惡劣，如果幼童維持生計的唯一來源遭立法禁止，如此一來所造成的傷害**更大**。雇主或許殘酷、工作也許卑賤、薪水也很微薄，但禁止幼童享有這個**機會**，無疑危害更大。如果還有其他更好的選擇，幼童將會做出對自己最有利的選擇，即使法律讓他可以選擇接受或拒絕條件欠佳的工作。如果沒有其他機會，童工禁令將奪走這唯一的機會，無論其條件多

麼惡劣。

在自由經濟的社會裏，雇主其實不太可能佔童工的便宜；意思就是雇主不可能支付工人低於其邊際產出的薪資。誠如我們在「為富不仁的資本家」那個章節所闡述：開放市場裏存在著強大的力量，將會迫使所有薪資調升到與工人生產力相符的水平。

無論正在找工作的孩童多麼貧困和無助，這並不是潛在雇主的錯。即使工人的貧困和「協商能力不足」已到了極端的程度，即使雇主可以「利用這一點」（據我們所知，情況並非如此），這仍舊不是雇主的錯。如果區分得細一點，這個慘況必須歸咎於（告別）童年者的出身背景。

隨之而來的問題是，父母扶養小孩的義務要到什麼程度？按照一般原則，父母對於和小孩有關的一切無須負擔積極義務。而與此相反的論點（基於契約的本質或父母自願決定要生養小孩，所以對於孩子確實負有某些積極義務）就比較經不起考驗。考慮以下幾點：

1. 無論受孕方式為何，所有孩童從父母身上應得的權利都是平等的。

2. 即使情況特殊，因為強暴而生下的小孩，母親對他應盡的義務，就和其他小孩一樣多（我們假設身為父親的強暴犯已經逃逸）。無論我們對於強暴行為抱持何種觀點，身為強暴產物的孩子都和這樁罪行完全無關，也完全無罪。

3. 養育和孕育小孩的自願本質，並不適用於強暴案。

4. 因此，基於受孕的自願本質或「隱性契約」（implicit contract），父母對於小孩負有某些義務的這個論點，並無法適用於強暴案；亦即，在強暴案中，至少母親對於孩子並未負有積極義務，因為她並未同意受孕。

5. 所有孩子都是無罪的（無論「原罪」等理論的說法為何），都應當從父母身上獲得平等的權利。按理，這些權利應該是源於受孕的自願本質，然而強暴之下的產物顯然欠缺這個自願性的面向，因此，這種孩子至少無法從母親身上享受應有的權利。**但是，他們和其他小孩享有同等權利**。因此，沒有一個孩子（無論他是誰），應該從父母身上得到任何積極義務。

我們無法立刻或憑直覺斷定，是不是還有其他根據可以證明「父母對於小孩的義務」。假設只有父母的自願協議可以證明他們對孩子的義務，而假設這個論點又不成立，那麼顯然地，父母就無須對於孩子負擔積極義務。

「沒有積極義務」的意思是，就像對待別人的孩子一樣，父母並沒有義務為自己的小孩提供食物、衣服和遮風避雨的住所；抑或，從這點來看，這就像是父母並沒有義務要服侍其他毫不相干（就血統、協議等等而言）的成人一樣。然而，這並不意味著父母可以殺死自己的小孩。就像父母無權殺害別人的小孩一樣，

他們也沒有權利殺死「自己的」小孩，或者說是他們所賦予生命的小孩。

當父母承擔起親職角色時，他們就是小孩的照顧者。如果父母非常想放棄這個之前自願接受的角色，或是一開始就拒絕承擔這個義務，他們有絕對的自由可以這麼做。他們可以把孩子交由別人收養，或是在自然法的守舊傳統下，把嬰兒棄置於教堂的階梯，或專門照顧兒童的慈善機構。

但是，父母不可以把嬰兒藏在房子裏的隱密角落，不提供食物，也不交由別人收養，靜待嬰兒死去。這麼做形同謀殺──是必須受到嚴厲譴責的罪行。讓小孩餓肚子，又把他藏起來的父母（即使沒有真正去殺人），就是已經放棄其照顧者的角色或親子關係；而那是其他人很可能願意扮演的角色。

也許，親職照顧者（parental-caretaker）的角色，可以放進「植拓的層級」中進一步獲得澄清：兒童是介於其他成人和動物之間。如果某個成人幫助另一個成人，前者不能光憑這次協助就變成後者的主人。如果成人豢養動物，並經由自己的努力讓動物變得有生產力（可以為人類做事），他便可以擁有這隻動物。兒童的情況則是介於成人和動物之間，他因為「被植拓」而被擁有，但擁有者只能基於照顧者身分，等到他準備好要確立對於自己的所有權時，便要宣告終止；亦即，兒童藉由獨立於父母之外，而取得成年資格。只要父母**繼續**植拓他，就能對小孩行使控制權並管教他們。（對於一隻動物或一筆土地，一旦被植拓，主

人就不需要為了擁有它而繼續植拓它。例如，他可以是一個居住外地、在本地收租的地主或動物的飼主）。如果他不繼續對小孩的植拓，就必須將之交付收養（如果小孩年紀太小而且無助，無法照料自己），或是讓他離家、自力更生（如果他有這樣的能力和意願的話）。

如果父母在扶養小孩時，所提供的援助僅足以延續其植拓，沒有更多協助，而且如果小孩的環境比較貧困，我們都不能把這個過錯推到潛在的雇主身上。禁止雇主聘用這樣的幼童絕不會改善他的命運——只會讓情況更加惡化。

從旁觀者的角度來看，有些父母確實會做出有關孩童的**不智**決定。然而，我們不可由此推論，將孩童交到國家機器手中，孩童會更幸福。國家也會做出對於孩童不智、甚至**不健全**的決定；而且，兒童要離開父母比離開政府容易多了，因為政府統治了我們所有人。

總之，只要他們是出於自願（而且**可以**是自願的），則所有有關幼童的勞動契約都應該有效。情況有可能是，幼童已經成年（無論他幾歲），贏得了自己的成年資格，因而能夠同意簽訂契約；抑或，他還是一個孩子，但徵得父母同意，可以自願地從事工作。

致謝

非常感謝巴魯克學院（Baruch College）的 Marie Tomas、Helen Cavanna、Ethel Rubin、Jane Harrison 和 Beatrice Marrone 等人協助打字工作。

尤其要感謝 Susan Malley、Linda Morgen、Shelley Peters 和 Susan Nueckel 等人協助編輯文稿。

三版編後記

　　第一版出版之後，獲得了許多讀者的共鳴與推薦，我們十分喜悅並充滿感謝。這本自由經濟的「地下經典」，作者為社會上這些「背德者」辯護，也帶出了精彩的經濟分析，並且告訴我們，人們原本可以如何地自由、自制並尊重他人。作者也提醒我們，政府是一國經濟體中最具力量的 player，它所頒布的法律法規，會影響到我們每一個人；我們面對政府政策，應時時牢記政府是人民的公僕，它不是萬能的，只是由人所組成的機構而已。

　　另外有件事值得一提。二〇〇八年經濟新潮社出版了經濟小說《洗錢》獲得不少矚目，更有意思的是，《洗錢》的作者橘玲，在日本也翻譯了《百辯經濟學》的日譯本（其日文書名為《不道德教育》）。《洗錢》和《百辯經濟學》有何共通之處？有的，那就是，《洗錢》雖是描寫洗錢等逃稅行為，但也間接質疑了政府課稅的正當性。

　　在這個新版（第三版），感謝台大經濟系林明仁教授以鮮活的筆觸，從現代個體經濟學的角度推薦此書；感謝南方朔先生以大的政治理論與歷史演進的角度，為本書勾勒出脈絡；更感謝清大經濟系黃春興教授一開始便推薦這本書值得出版，並且從經濟

學出發為這本書定位，闡釋「自由人主義」、「植拓理論」等譯名；並感謝王道還教授指正第一版的錯譯之處。

　　《百辯經濟學》這本書可說是回歸到出版的最原始動機：「我有話要說！」感謝您的支持與閱讀，希望您喜歡作者的聲音。

國家圖書館出版品預行編目資料

百辯經濟學：為娼妓、皮條客、毒販、吸毒者、誹謗者、
偽造貨幣者、高利貸業者、為富不仁的資本家……這些
「背德者」辯護／瓦特‧布拉克（Walter Block）著；
齊立文譯. ── 三版. ── 臺北市：經濟新潮社出版：家庭
傳媒城邦分公司發行, 2018.08
　　面；　公分. ──（經濟趨勢；66）
譯自：Defending the Undefendable: the pimp, prostitute,
scab, slumlord, libeler, moneylender, and other scapegoats in
the rogue's gallery of american society
　ISBN 978-986-96244-6-6（平裝）

1. 經濟理論　2. 經濟自由化　3. 社會倫理

550.1　　　　　　　　　　　　　　　　　107012611